REIHE ANDALUSIEN

Winfried Jenior

Tapas

Spezialitäten aus Spanien

Vorwort
Juan Madrid

VERLAG
WINFRIED JENIOR

Reihe Andalusien - Band 3
Fünfte Auflage 1998

Copyright © 1998 by Verlag Winfried Jenior
Lassallestr. 15 - D-34119 Kassel
Tel. 0561 - 7391621 oder 17655 Fax 0561 - 774148

Fotos: Winfried Jenior
Reihenlogo: Michael Vorwerk
Druck: Druckwerkstatt Bräuning & Rudert, Espenau
Printed in Germany

ISBN 3-928172-46-8

Inhalt

Vorbemerkung

Tapas - Schälchen mit *chopitos*, kleinen gebratenen Tinten-fischen, Hühnerteile, in Öl eingelegte Sardellenfilets, Tortilla, Omelett mit grünem Spargel, Nierchen in Sherry, gebratene Gemüsestreifen, überbackene Champignons und und und ...

Jede Bar hat ihre Spezialitäten. Zum Bier oder zum *fino*, einem trockenen Sherry, werden kleine Schalen mit zwei, drei Happen von der Theke serviert.

Es geht nicht darum, sich satt zu essen, sondern gemeinsam mit Freunden ein Gläschen zu genießen. Und dabei helfen die klei-nen, herzhaften Gerichte. Zu jedem Glas wird eine andere *tapa* gereicht, was den Alkohol bindet und den Kopf klar hält.

Spanische Bars haben etwas von Marktständen, die Tür steht offen, die Leute schlendern hinein, niemand muß gleich etwas bestellen. Für den ersten Durst steht auf dem Fensterbrett der *botijo* bereit, der irdene Wasserkrug. Es ergibt sich ein Schwätz-chen, Leute kommen und gehen, die meisten bleiben nicht lange. Schnell entsteht Kontakt, auch zu Fremden. Am Ende stellt sich heraus, daß die Rechnung schon längst bezahlt ist. *Mañana*, morgen wird man auch nicht kleinlich sein. Der *ca-marero* sagt noch beiläufig, wer die Zeche bezahlt hat, der ist aber schon gegangen.

Juan Madrid

Tapas essen ist eine Kunst

Vor einigen Jahren besuchte ich Gerald Brenan in seinem Refugium in Alhaurín. Im Auftrag der Zeitung, für die ich damals arbeitete, wollte ich ihn um einen Vorabdruck aus *Personal Record*, seinem letzten Buch, bitten.

Zu der Zeit war Don Geraldo, wie ihn die Nachbarn im Dorf nannten, ein großer, fröhlicher alter Mann, der für sein Leben gern die Ellbogen auf die Tresen der Bars im Ort stützte. Er kannte alle Kneipen und Weinschenken, er wußte, in welchen es am kühlsten war und wo man die besten Tapas bekam.

Don Geraldo liebte die trockenen Sherrysorten, den Manzanilla, den Fino und den Oloroso, auch die guten englischen Sorten, und als Begleitung dazu aß und genoß er Tapas. Die Tapas waren für Don Geraldo die Grundlage andalusischen Wesens, das Rückgrat des andalusischen Charakters.

Ich erinnere mich, wie er mich in eine kühle Tasca mitnahm, eine Kneipe mit zwei oder drei Tischen unter einer Weinlaube vor der Tür. Wir setzten uns an einen dieser Tische und bestellten eine Karaffe gekühlten Manzanillas, aber nicht aus dem Eisschrank, sondern in einem kühlenden Tonkrug.

Und wir bestellten Tapas.

»In jedem Land haben die Leute ihre eigene Art zu trinken, Juanito«, sagte Don Geraldo zu mir. »Hier in Andalusien trinkt man nicht, um sich zu besaufen, sondern um sich zu unterhalten. Das Trinken ist ein sozialer Akt der Kommunikation, ein Ritus.«

»Aber es gibt doch auch viele Säufer«, sagte ich.
»Natürlich gibt es sie, wie überall. Aber sie sind die Ausnahme. Man trinkt hier nicht, um sich einen Schwips zu holen, und deshalb ißt man Tapas. Die Tapas gibt es, unter anderem, um sich nicht zu betrinken, und das gibt es sonst nirgendwo auf der Welt.«
Ich erinnere mich, daß wir zwei halbe Liter Manzanilla leerten. Dazu gab es verschiedene Sorten Tapas: Fleisch in Sauce, *chicharrones*, *caña de lomo* und Lende in Schmalz. Unter anderen Umständen hätte uns dieser große Krug Manzanilla, den wir unter vier Augen tranken, in einen unerbittlichen und verheerenden Rausch getrieben, denn nach einem Liter Manzanilla kommt der nächste und dann der nächste.
Jedoch dank dem Ritual der Tapas und der kleinen Schlucke verwandelten sich das Getränk und die Speisen in eine Zeremonie der Annäherung und des Verstehens, der Zuneigung und des Plauderns. Also etwas, das den professionellen Säufern in allen Ländern der Welt fehlt.

Niemand kann mit letzter Sicherheit sagen, woher der Begriff Tapa stammt. Vielleicht bezeichnet er das Stück Brot und die Scheibe Wurst, die man an den Tresen der Weinschenken Andalusiens als Deckel (tapa) auf die Weingläser legte. Es könnte auch eine Anspielung sein auf die Fähigkeit der Speisen, den Magen zu verschließen und somit ein zu hohes Ansteigen des Alkoholspiegels und des damit verbundenen Rausches zu verhindern. Doch woher der Begriff auch kommen und wo immer er seinen etymologischen Ursprung haben mag, er bezieht sich immer auf das gleiche, ob in der letzten Kneipe, einem Imbißlokal, einer Venta an der Landstraße, oder im feinsten Café irgendeiner andalusischen Stadt. Es handelt sich um ein Gericht, das ein Getränk begleitet oder auch umgekehrt.
Diese Speise ist zugleich Bestandteil des Getränks, wie auch eines überlieferten Akts, der in vorgegebenen Bahnen die Annäherung der Menschen erlaubt. Ein gesellschaftlicher Rahmen

also, der hilft, das Gefühl der Vereinzelung und der Sprachlosigkeit zu überwinden.

Ich bin überzeugt, daß sich dieser andalusische Brauch nach dem 15. Jahrhundert über die gesamte Halbinsel verbreitete, doch vor allem nach der Diktatur des General Primo de Rivera aus Jerez. Seine Diktatur war der größte Werbefeldzug, den Andalusien in seiner Geschichte je erfahren hat. Der Diktator war ein eingefleischter Liebhaber des Fino, der Tapas, des Gesanges und des Tanzes seiner Heimat und ging mit gutem Beispiel voran. Niemals zuvor hatte es in Madrid so viele andalusische Weinlokale, Flamencobühnen und Bars gegeben wie zwischen 1924 und 1930, der Zeit, in der der General die Geschicke des Landes leitete.

Die *andalucización* Madrids trat aber in Wirklichkeit schon früher auf und ging einher mit der allmählichen Anerkennung der Zigeuner und des Flamenco bei den Gebildeten und Bürgern. Schon am Ende des neunzehnten Jahrhunderts gab es typische andalusische Weinkneipen in Madrid, aufgemacht von Zigeunersippen, die als Maultiertreiber umherzogen und ihre Sitten und Bräuche in der Welt der hauptstädtischen Wanderbühnen verbreiteten.

Madrid, die vielleicht andalusischste Stadt, abgesehen von den eigentlich andalusischen Städten, füllte sich in den zwanziger Jahren mit Flamencobühnen, Weinlokalen und Bars, die andalusische Bräuche pflegten. Dank der Wirte aus dem Süden und ihrer Nachahmer hat die Struktur der Madrider Bar nichts zu tun mit der Bar in der Mancha etwa. Sie verdankt Andalusien mehr als der Region um Madrid.

In Barcelona und anderen Regionen liegen die Dinge anders. Die andalusischen Emigranten brachten nach dem Bürgerkrieg die Gewohnheit mit, Tapas zu essen und etwas dazu zu trinken. Ebenso nahmen die Galicier im 19. und Anfang des 20. Jahrhunderts die Empanada und die Suppen mit nach Südamerika.

Ich will nicht behaupten, kleine Gerichte mit dazugehörigen Getränken seien eine ausschließlich andalusische Sache. Das wäre denn doch zu chauvinistisch. Aber es besteht kein Zweifel daran, daß es ein Ritual der Speisen und der Verhaltensweisen gibt, etwa die Art, den Ellenbogen auf die Theke zu lehnen, die nur für Andalusien, aber für keine andere Region und kein anderes Land typisch ist. In Deutschland kann man eine Wurst bestellen, zu der man einen Krug Bier trinkt, oder in Frankreich bestellt man ein Sandwich mit Käse oder Pastete. Aber es ist nicht dasselbe.

Für mich hat diese tief verwurzelte Tradition des Tapa-Essens, des *tapeo*, ihren Ursprung bei den arabischen Beduinen, wie fast alle Sitten und Gebräuche, mit denen sich Andalusien schmückt: der *Turrón*, die *Churros*, das Ölgebratene, der Machismo, die Semana Santa, der Flamenco, die Feria de Sevilla etc.
Als ich für fast zwei Monate in der Sahara war, zwischen Sidi Ifni, Smara, El Aiun, Nuanchok, Tam-Tam, Tarfaya und Bojador, erfuhr ich im Zusammenhang mit den alten Riten der Gastfreundschaft von einer anderen eigenartigen Sitte, die ebenso bemerkenswert und wichtig ist wie das gemeinsame Essen und Trinken.
Wenn wir in ein Zeltdorf oder zu einer Karawane kamen, die sich in einer Oase niedergelassen hatte, bot man uns zu essen an, doch auf eine seltsame Weise, von der ich im folgenden erzählen möchte. Über die erwähnte Sitte habe ich mit vielen Leuten gesprochen, die mit Arabern der Wüste gegessen und getrunken haben, und es spielte sich immer in gleicher Weise ab.
Was in der Regel am längsten dauert, sind die Vorspeisen, etwa unserem Aperitif vergleichbar - auch eine sehr andalusische Sache - sozusagen die Ouvertüre zum Essen. Während dieser Zeit - das kann bis zu mehreren Stunden dauern - gibt man dem Gast Salat oder Kamelmilch, zusammen mit Tee, Datteln oder eben Speisen, die gerade verfügbar sind. Unterdessen redet

und plaudert man gemütlich, trinkt etwas, nimmt etwas von den Häppchen in Erwartung des eigentlichen Hauptgerichts, das später gereicht wird und meist aus gebratenem Lamm besteht.

Sobald das Essen serviert wird, hören die Gespräche und Plaudereien auf, und man widmet sich dem Wesentlichen. Direkt nach dem Mahl wird die Tafel aufgehoben und jeder geht seiner Arbeit nach. Wir sehen also, der Aperitif dauert länger als das Essen selbst, bei dem das Tischgespräch fehlt.

Ohne mich in etwas versteigen zu wollen, glaube ich, daß diese Sitte, vor dem Essen beim Plaudern einige Kleinigkeiten zu sich zu nehmen, den Ursprung dessen darstellt, woraus sich dann später in Andalusien die Sitte entwickelt hat, vor dem eigentlichen Essen, das später kommt, Tapas essen zu gehen.

Die andalusische Tapa-Kultur ist nicht machistisch. Es ist keine Aktivität der Männer allein, auf dem ihnen eigenen Terrain, sprich der Bar, sondern eine zwischengeschlechtliche, ja sogar familiäre Angelegenheit. Wenn Männer ausgehen, um Frauen anzumachen, zu trinken oder sich zu betrinken, dann gehen sie alleine - eine ganz andere Sache also als der *tapeo*, möchte ich betonen - denn in die Tapa-Bars gehen sie auch mit ihrer Familie.

Jeder Andalusier und jeder, der aufmerksam ist für das, was in seiner Umgebung geschieht und sich an seine Reisen nach Andalusien erinnert, wird mir recht geben. Die Bars, Kneipen und Gaststätten füllen sich mit Familien mit Kindern, einzelnen Frauen und einzelnen Männern in ganz anderen Riten als bei der Anmache oder einem Besäufnis.

Ich erinnere mich noch an die Kneipen und Lokale meiner Geburtsstadt Málaga, wo Bier - auch Whiskey - ein Luxus der Reichen war, man trank dort Wein oder Schnaps. In meinem weiteren Leben habe ich niemals mehr eine solche Verachtung für den Säufer gesehen. Gerade an einem der Orte der Welt, wo am meisten und am besten getrunken wird, verachtet man den

Trinker, der vom Hocker fällt und dumm und albern daher-
redet.

Ich will nicht sagen, es hätte keine Säufer gegeben, natürlich
gab es sie, aber sie waren sozial dermaßen schlecht angesehen
- noch eine arabische Sitte am Horizont - daß wir als Kinder
Steine nach ihnen warfen und hinter ihnen her spotteten. Ein
Mann, ein wirklicher Mann, verlor in meiner fernen Heimat
niemals die Fassung, weil er zu viel getrunken hatte, er fiel niemals vom Stuhl und fing niemals Streit mit anderen Leuten an.
Wenn doch, warf man ihn kurzerhand aus dem Lokal.

Kam es doch einmal bei jemandem vor, der im gegenteiligen
Ruf stand, so nahm man an, er sei krank, behandelte ihn dem-
entsprechend und wartete, ob die Symptome sich wiederholten.
Wiederholten sie sich, so wurde er als Trunkenbold qualifiziert
und aus der Gemeinschaft des Lokals ausgeschlossen.

All das, der mäßige Umgang mit dem Alkohol, das Trinken als
sozialer Ritus der Annäherung und des Auftauens hängt mit den
Tapas zusammen, die in sehr unterschiedlicher Art und Form
angeboten werden, je nach Phantasie des Wirtes und seiner
Frau.

Mein Onkel Baldomero, ein alter Schiffsmaschinist, nahm regelmäßig weite Fußmärsche auf sich bis an die Cuesta de la
Reina in Málaga, nur um eine Gastwirtschaft an der Landstraße
zu besuchen, in der die beste Lende in Schmalz angeboten
wurde. Das erlaubte ihm, sich zu beweisen, daß er jemand war
in dieser Welt. Die Lende bereitete die Chefin, Doña María,
nach einem besonderen Rezept, das sie niemandem verriet.

Sie erzählte, daß in den zwanziger Jahren der berühmte Bandit
El Pernales oft hierher gekommen sei und daß ihm eines düste-
ren Tages ihre 'Lende in Schmalz' und seine Vorliebe dafür
zum Verhängnis geworden sei. Er wurde von der Guardia Civil
getötet. Doña María sagte, sie stelle seitdem an jedem fünfund-
zwanzigsten Februar nachts einen Teller eigens für El Pernales
auf den Tisch, falls sein Geist aus der Hölle heraufsteige, um

'Lende in Schmalz' zu essen. Sie brauchte nicht hinzuzufügen, daß sie El Pernales an diesem Datum getötet hatten.

Gerald Brenan lernte die Tapas, den Manzanilla, den Vino Fino, den Flamenco, die Landschaft und ihre männlichen und weiblichen Bewohner alle zur gleichen Zeit kennen. Das jedenfalls erzählte er mir, als wir unter jener Laube saßen. Er war im Englisch-Zypriotischen Krieg verwundet worden und in den zwanziger Jahren - mit einer jährlichen Zahlung von 1000 Pfund aufgrund seiner Kriegsverletzung - nach Andalusien gekommen und bis zu seinem Tod geblieben. Was Don Geraldo am meisten störte, war der unerbittliche Trunkenbold, Schreihals und Grobian aus seiner Heimat. Ihn konnte er nicht ausstehen. Don Geraldo war schon so andalusisch geworden, daß er ihn regelrecht verabscheute, den hartnäckigen Säufer, der vom Hocker fiel, das Subjekt, das nichts anderes als seinen Rausch im Sinn hatte und mit jedem, der sich ihm näherte, Streit anfing.

»Das Geheimnis liegt in den Tapas, Sie erlauben es, in Ruhe zu sprechen, den Wein zu genießen, die Unterhaltung, das Essen und das Leben. Ohne die Tapas wäre das alles nicht möglich.«
»Du sprichst wie ein Heiliger«, sagte ich zu Don Geraldo.
»Noch ein paar Chicharrones?«
»Klar ... und noch etwas Picadillo (Notiz für Nicht-Andalusier: feingehackter Salat), die Tomaten sind hier rot und reif. Es geht doch nichts über einen süßen kontrollierten Schwips, stimmts?«
Don Geraldo wußte, wovon er sprach.

EIER- UND TEIGGERICHTE

Bocaditos de Cabrales
Käse in Ausbackteig

100 g Cabrales (Blauschimmelkäse)
2 EL Mehl
½ l Milch
1 EL Butter
1 Ei
2 Scheiben geriebener Zwieback
Olivenöl
Salz

Den Käse, die Milch, das Mehl und etwas Salz im Mixer glattrühren. In einer Pfanne die Butter schmelzen, den Käsebrei hineingeben und unter ständigem Rühren 10-15 Minuten bei schwacher Hitze köcheln. In eine Schüssel füllen und kalt werden lassen.
Die kalte Käsemasse in eßlöffelgroße Portionen teilen, im geschlagenen Ei, dann im geriebenen Zwieback wälzen und anschließend im heißen Olivenöl (oder in Butter) goldbraun braten. Mit gehackter Petersilie überstreut servieren.

Huevos a la flamenca
Eier-Gemüse-Pfanne

6 Eier
1 Zwiebel
2 Möhren
1 rote oder grüne Paprikaschote
100 g Erbsen
100 g grüne Bohnen
1 große Tomate
3 Scheiben Schinken
6 Scheiben Chorizo
6 EL Olivenöl
Pfeffer
Salz

Die Zwiebel, die Paprikaschote und die Möhren kleinschneiden und in einem Schmortopf im heißen Öl anbraten. Erbsen, Bohnen und die feingehackte Tomate hinzufügen, mit Pfeffer und Salz würzen und mit wenig Wasser etwa 20 Minuten köcheln lassen, gerade solange, bis das Gemüse gar, aber nicht zu weich und alles Wasser verdunstet ist.
Das Gemüse in drei kleine Tonschalen verteilen, über jeder Schale zwei Eier aufschlagen. Je eine Scheibe Schinken und zwei Scheiben Wurst obenauf legen und im Backofen backen, bis das Eiweiß fest, das Eigelb aber noch weich ist. Es können auch andere Gemüse für dieses Gericht benutzt werden.

Tortilla española
Tortilla mit Kartoffeln

8 Eier
500 g Kartoffeln
1 Tasse Olivenöl
Salz

Die Kartoffeln waschen, schälen, der Länge nach halbieren
und in feine Scheiben schneiden. Kurz wässern, abtropfen
lassen und mit Küchenkrepp trockentupfen. Das Olivenöl in
einer Pfanne erhitzen. Die Kartoffelscheiben 10-15 Minuten
braten. Gelegentlich wenden. Herausnehmen und das Öl bis auf
2 EL aus der Pfanne nehmen. Die Eier mit einer Gabel kräftig
schlagen, die Kartoffeln hineingeben und diese Mischung im
heißen Öl ca. 10 Minuten stocken lassen. Auf einen großen
Teller gleiten lassen, mit einem zweiten Teller stürzen und
wieder in die Pfanne zurückgleiten lassen. Je nach Geschmack
hellgelb bis goldbraun backen lassen. In tortenförmige Stücke
schneiden und servieren.

Tortilla al Sacromonte

6 Eier
200 g Lammhirn
1 Hammelhoden
6 EL Olivenöl
1 rote Paprikaschote
100 g gekochte Erbsen
Petersilie
Pfeffer
Salz

Hirn und Hoden in wenig Wasser mit etwas Salz 5 Minuten kochen. Alle Häute entfernen und im heißen Öl von allen Seiten kurz braten. Kalt werden lassen, in kleine Stücke schneiden. Im selben Öl die geschnittene Paprikaschote und die gekochten Erbsen dünsten. Hirn- und Hodenstücke wieder in die Pfanne geben und alles zusammen mehrere Minuten schmoren. Die Eier, die gehackte Petersilie, Salz und Pfeffer mit der Gabel kräftig schlagen. Alle Zutaten mischen. In einer Pfanne mit wenig Öl die Mischung ca. 10 Minuten stocken lassen. Auf einen großen Teller gleiten lassen, stürzen und die andere Seite backen. Die Tortilla sollte außen goldgelb und innen noch saftig sein.

Tortilla con espárragos trigueros
Tortilla mit grünem Spargel

4 Eier
500 g wilder (grüner) Spargel
Salz
1 EL Olivenöl

Den Spargel waschen, ca. 15 Minuten in wenig Salzwasser dünsten, gut abtropfen lassen und in grobe Stücke schneiden. Die Eier und etwas Salz kräftig mit einer Gabel schlagen und mit dem Spargel mischen.
In einer Pfanne das Öl erhitzen und die Mischung ca. 10 Minuten stocken lassen. Auf einen großen Teller gleiten lassen, mit einem zweiten Teller stürzen und zurück in die Pfanne gleiten lassen. Die andere Seite hell bis goldgelb backen, in tortenförmige Stücke schneiden und servieren.

Canapés

Canapés sind kleine Weißbrotscheiben, die meist getoastet und dann belegt werden. Fast alle cremigen Saucen eignen sich als Aufstrich. Man kann die Scheiben nach dem Toasten mit Knoblauch einreiben, mit Butter oder Öl bestreichen, mit Gemüse oder Fleisch belegen, im Ofen überbacken. Es können süße, salzige, saure und scharfe Geschmacksrichtungen kombiniert werden. Der Phantasie sind keine Grenzen gesetzt; die Rezepte könnten ein eigenes Buch füllen. In den spanischen Tapa-Bars werden zahlreiche Canapés angeboten, es gibt eigentlich keine klare Grenze zwischen beidem. Viele Gerichte in diesem Buch können auch in Form von Canapés serviert werden. Ein Rezept soll hier stellvertretend stehen:

Salsa de anchoas
Sardellen-Mandel-Feigen-Creme

10 gewässerte Sardellenfilets
1 rote Paprikaschote
5 EL Olivenöl
etwas Fenchelgrün
Petersilie
Pfeffer
1 Knoblauchzehe
2 Feigen (frisch oder getrocknet)
1 EL Zitronensaft
1 EL Weinbrand
20 blanchierte und geschälte Mandeln

Alle Zutaten vorbereiten, im Mixer pürieren, die Creme auf getoastete Brotscheiben streichen und im vorgeheizten Backofen 6 Minuten backen.

Huevos con mahonesa de anchoas
Eier mit Sardellenmayonnaise

6 Eier
2 Eigelb
1 Tasse neutrales Pflanzenöl (oder Olivenöl)
1 EL Zitronensaft
Salz
6 Sardellenfilets
2 EL Kapern
Pfeffer
1 EL Senf

Die Eier hartkochen, schälen und halbieren. Die Eigelb mit dem Salz, Zitronensaft und Pfeffer verrühren. Alle Zutaten sollten Zimmertemperatur haben, damit sie nicht gerinnen. Das Öl zuerst tropfenweise einrühren und stark mit dem Schneebesen schlagen. Später das Öl etwas schneller als feinen Strahl zugießen, bis alles verbraucht ist und eine homogene, feste Mayonnaise entsteht.

Die Sardellenfilets unter fließendem Wasser abspülen, die Kapern abtropfen lassen und beides im Mörser zusammen mit der Mayonnaise zu einem glatten Püree verarbeiten. Etwas Senf unterrühren und auf die Eierhälften verteilen. Bei Zimmertemperatur servieren.

Bei Verwendung von Olivenöl ergibt sich ein kräftigerer, bei neutralem Öl ein milderer Geschmack. Dazu passen mit etwas Knoblauch eingeriebene *tostadas*.

Flan
Eierpudding mit Karamel

Der Flan ist zwar eine Nachspeise, doch kann man ihn auch als Leckerei an der Bar zu sich nehmen. Auf Flan aus dem Supermarkt kann man leicht verzichten, wenn man erst einmal ausprobiert hat, wie problemlos er sich herstellen läßt. Man kann ihn mehrere Tage im Kühlschrank aufbewahren; es lohnt sich deshalb, gleich etwas mehr zuzubereiten.

Für die Karamelsauce:
300 g Zucker
½ Tasse Wasser

Für den Pudding:
1 l Milch
¼ Vanilleschote, aufgeschnitten, oder etwas Vanillepulver
7 Eier
250 g Zucker

Sauce: Auf kleinem Feuer löst man den Zucker im Wasser auf und rührt, bis der Sirup leicht goldbraun ist. Vorsicht, der Zucker brennt leicht an ! Diese Karamelmasse verteilt man heiß auf 10 Glasschalen oder Tassen und stellt sie beiseite.

Pudding: Man erwärmt die Milch mit Vanille und Zucker, ohne sie zu kochen. Danach die Vanillestange entfernen. Die Eier schaumig schlagen und in die Milch rühren. Sofort in die Schälchen gießen und im Wasserbad im Backofen bei 160° backen. Die Schalen sollten bis zur Hälfte im Wasser stehen. Nach etwa 30 Minuten stockt die Masse und färbt sich goldgelb. Herausnehmen und kühl stellen. In kaltem Zustand stürzen und servieren. Dabei läuft die Karamelsauce über den Pudding. Man kann den Flan auch im Mikrowellenherd garen, auf schwacher Stufe ca. 20 Minuten.

Migas de pan
Gebratene Brotkrumen

500 g altbackenes Weißbrot (ca. 2 Tage alt)
2 Knoblauchzehen
6 EL Olivenöl
Salz
Pfeffer

Das Brot in Stücke oder Scheiben schneiden und fein
zerkrümeln. In Wasser einweichen und über Nacht in
ein feuchtes Tuch eingeschlagen ruhen lassen.
In einer großen Pfanne das Olivenöl erhitzen, die ganzen
Knoblauchzehen darin anbraten und wieder herausnehmen.
Die Brotkrümel im sehr heißen Öl unter ständigem Rühren
etwa 15 Minuten braten, bis sie goldbraun und knusprig sind.

Ein typisch andalusisches Resteessen, das aber auch in zahlreichen Abwandlungen in einfachen Bars angeboten wird.
In manchen Gegenden wird Schinkenspeck, Fleisch oder Wurst
mitgeröstet. Migas werden auch mit gebratenen Sardinen oder
mit Schokoladensauce serviert. Don Fadrique, der Vermieter in
Gerald Brenans Buch *Südlich von Granada*, aß sie zum Frühstück mit beidem: mit Sardinen und Schokolade.
In der *Venta de Alfarnate*, einem Gasthof an der alten Straße
von Velez-Málaga nach Granada, gibt es ein besonderes
Angebot, *migas* mit Blutwurst, Schinken, Ei und anderen
Beilagen. Wer davon zwei Portionen schafft, braucht seine
Rechnung nicht zu bezahlen. Aber versuchen Sie es lieber
nicht, eine Portion ist schon reichlich bemessen. In dieser
Venta kann man auch ein altes Gefängnis besichtigen, in
dem der Bandit El Pernales gesessen haben soll.

Empanadas de atún
Teigtaschen mit Thunfisch

Für den Teig:
300 g Mehl
Salz
25 g Butter
25 g Schweineschmalz
½ Glas Wasser
½ Glas trockenen Weißwein

Für die Füllung:
200 g Thunfisch (1 Dose)
2 Zwiebeln
1 Tomate
1 Scheibe Zwieback
3 EL Milch
3 EL Olivenöl
Olivenöl zum Ausbacken

Teig: Butter, Schmalz, Wasser und Wein erhitzen (nicht kochen), vom Feuer nehmen und mit einem Rührlöffel das Mehl und das Salz einrühren. Gut durchkneten und zugedeckt zwei Stunden ruhen lassen. Den Tisch mit Mehl bestäuben und den Teig dünn auswalzen. Kreise mit einem Durchmesser von 10 cm ausstechen, auf die eine Hälfte 1 EL der Füllung legen, zusammenklappen und die Ränder sorgfältig festdrücken. In ausreichend Olivenöl schwimmend ausbacken.

Füllung: Die Zwiebel kleinhacken, im Öl glasig dünsten, mit dem Thunfisch, der gehackten Tomate, dem geriebenen Zwieback und der Milch zu einer Paste vermischen, salzen, pfeffern und auf die Teigscheiben verteilen.

Empanadas de espinacas
Teigtaschen mit Spinatfüllung

Für den Teig:
300 g Mehl
Salz
25 g Butter
25 g Schweineschmalz
½ Glas Wasser
½ Glas trockenen Weißwein

Für die Füllung:
500 g Spinat
50 g Rosinen (Korinthen)
½ Glas trockenen Sherry
50 g Mandeln
2 Zwiebeln
3 EL Olivenöl

Teig: Zubereitung wie auf Seite 27 beschrieben. Blätterteig eignet sich für dieses Gericht ebenso.

Füllung: Den Spinat waschen, in wenig Wasser gar dünsten, abtropfen lassen und hacken. Die Korinthen im Sherry einweichen. In einer Pfanne das Olivenöl erhitzen, die gehackte Zwiebel dünsten. Die blanchierten und geschälten Mandeln kurz anrösten, im Mörser zerstoßen, mit dem Spinat, den Korinthen und den Zwiebeln mischen, salzen, pfeffern und auf die vorbereiteten Teigscheiben verteilen.
Als weitere Füllungen können Fleischreste, dickflüssige Hackfleisch-, Tomaten- oder Gemüsesaucen verwendet werden.

GEMÜSE, OBST, SALATE

Alcachofas con salsa vinagreta o mahonesa
Artischocken mit Vinaigrette oder Mayonnaise

Artischocken
Wasser
Salz

Vinaigrette:
kleine Knoblauchzehe
½ TL Weinessig
Pfeffer, Salz
½ Tasse Öl
Petersilie

oder Mayonnaise:
1 Eigelb
kleine Knoblauchzehe
½ Tasse Öl
Salz
etwas Zitronensaft

Die äußeren Blätter und die holzigen Teile abschneiden. Etwa 40 Minuten in reichlich Salzwasser kochen und gut abtropfen lassen. Inzwischen die Sauce zubereiten.

Vinaigrette: Mit der Knoblauchzehe die Schüssel ausreiben. Den Essig, das Salz und den Pfeffer mischen und zunächst tropfenweise, später löffelweise Öl hinzufügen. Dabei ständig mit dem Schneebesen rühren, wobei eine etwas schaumige Sauce entsteht. Feingehackte Petersilie einrühren.

Mayonnaise: Ein Eigelb mit etwas Salz verrühren, dann tropfenweise, später teelöffelweise Öl einrühren. Dabei entsteht eine dickflüssige Sauce. Eigelb und Öl sollten die gleiche

Temperatur haben. Nicht zu viel Öl gleichzeitig zugeben, da
die Mayonnaise sonst leicht gerinnt. Zum Schluß die gepreßte
Knoblauchzehe und etwas Zitronensaft unterrühren. Je nach
Geschmack kann neutrales Öl oder Olivenöl verwendet werden.

Die Artischockenblätter mit dem unteren, fleischigen Teil in die
Sauce tunken. Das Stroh in der Mitte entfernen, das Artischok-
kenherz in *tapas* teilen. Entweder in Vinaigrette einlegen oder
in die Mayonnaise tunken und essen.

Eine weitere Möglichkeit ist, die Stücke kurz in Olivenöl mit
Knoblauch und Petersilie einzulegen und zu servieren. Zur Not
können auch Artischockenböden aus dem Glas verwendet
werden.

Alcachofitas fritas
Gebratene junge Artischocken

6 Artischocken
Wasser
Salz
Olivenöl
Mehl
Petersilie

Die äußeren Blätter und die holzigen Teile der Artischocken entfernen. 40 Minuten in reichlich Salzwasser kochen und gut abtropfen lassen. Je nach Größe in 4 bis 8 Teile schneiden. In etwas Mehl wälzen und im sehr heißen Öl goldbraun braten. Mit gehackter Petersilie und Zitronenvierteln servieren.
Hat man die Möglichkeit, ganz junge Artischocken zu kaufen, etwa im Mai oder Juni, so kann man diese auch ungekocht braten.

Foto: Gebratene Artischocken

Acelgas con champiñones y Jerez
Mangold mit Pilzen und Sherry

1 kg Mangold
3 EL Olivenöl
50 g Butter
3 Zwiebeln
250 g Champignons
1 kleines Glas Sherry (amontillado)
Salz
Pfeffer

Den Mangold waschen, in leicht gesalzenem Wasser dünsten, bis er gar, aber nicht zu weich ist. Abtropfen und grob hacken. In einer großen Pfanne die Butter und das Öl erhitzen, die kleingehackten Zwiebeln goldbraun braten, die in Scheiben geschnittenen Champignons scharf anbraten und mit dem Sherry ablöschen. Den Mangold unterheben, mit Salz und Pfeffer abschmecken und in der Pfanne wenden, bis die Flüssigkeit verdampft ist. Auf kleinen Schälchen mit Knoblauchtoast servieren.
Zur Abwechslung können auch 250 g gekochte Kichererbsen anstelle der Pilze untergehoben werden.

Weitere Zubereitungsart:

Pencas de acelgas rebozadas
Ausgebackene Mangoldstiele

Die Stiele werden gedünstet, in Ausbackteig aus Mehl und Ei getaucht und in Olivenöl ausgebacken.

Foto: Gebratene Paprikaschoten (S. 60)

Ajo colorado
Kartoffel-Knoblauch-Creme

500 g Kartoffeln
5 rote getrocknete Paprikaschoten
2 Tomaten
2 Zwiebeln
8 Knoblauchzehen
½ TL Kumin
6 EL Olivenöl
Salz, Pfeffer

Die Kartoffeln schälen und in wenig Wasser mit etwas Salz kochen. Die gewaschenen Paprikaschoten ohne Kerne, die ganzen geschälten Zwiebeln und Tomaten hinzugeben und die letzten 15 Minuten mitkochen. Abtropfen lassen und zur Seite stellen. Das Olivenöl erhitzen, die gepreßten Knoblauchzehen und den Kumin kurz anbraten. Alle Zutaten im Mörser zu einem glatten Brei zerstampfen und bei Zimmertemperatur servieren.
In manchen Gegenden verwendet man Knoblauch und Öl ungebraten und ersetzt die Kartoffeln durch Stockfisch.

Alboronía
Gemüsepfanne

1 Aubergine
500 g Kürbis
1 Quitte
1 rote Paprikaschote
1 große Zwiebel
1 Tomate
½ TL Paprikapulver (süß)
1 Prise Muskatnuß
Salz, Pfeffer
3 EL Olivenöl

Kürbis und Quitte schälen und in Würfel schneiden. Die
Paprikaschote in feine Streifen schneiden und die Aubergine
würfeln. Alles zusammen in wenig Wasser 30 Minuten gar
dünsten. Abtropfen lassen.
Das Öl in einer Kasserolle erhitzen und die feingeschnittene
Zwiebel anbraten. Die Tomate überbrühen, abhäuten, in kleine
Stücke schneiden und mit den Zwiebeln braten. Die anderen
Zutaten hinzufügen und mit Pfeffer, Salz und Muskatnuß
würzen. Das Paprikapulver einrühren und noch 5 Minuten
auf dem Feuer köcheln lassen. In Tapa-Schälchen mit Brot
servieren.

Almendras tostadas
Geröstete Mandeln

500 g Mandeln
2 EL Butter
1 Eiweiß
Meersalz

Die Mandeln kurz in kochendem Wasser blanchieren. Mit kaltem Wasser abschrecken und die Häute abziehen. Die Butter in einer großen Pfanne erhitzen und die Mandeln unter häufigem Rühren goldbraun rösten. Das Eiweiß steif schlagen und die heißen Mandeln im Eischnee wälzen. Sofort mit Meersalz bestreuen und noch warm servieren. Man kann die Mandeln auch ohne Fett im Backofen rösten und dann wie oben beschrieben weiterverarbeiten.

Frische Mandeln vom Baum schmecken schon in unreifem Zustand sehr gut. Aber Vorsicht: in Spanien nennt man sie *almendras calientes*, heiße Mandeln. Zu viele davon rufen ein Brennen im Magen hervor, besonders bei Kindern. Sie sollten deshalb nicht zu viele essen.

Berenjenas fritas
Gebratene Auberginen

1 - 2 Auberginen
etwas Mehl
Salz
Pfeffer
Olivenöl

Die Auberginen quer oder der Länge nach in ½ cm dicke
Scheiben schneiden. Etwas einsalzen und einige Minuten
stehen lassen. Abspülen und mit Küchenkrepp trocknen.
In einer Pfanne das Olivenöl erhitzen, bis es zu rauchen
beginnt. Das Mehl mit Pfeffer und Salz würzen, die Gemüse-
scheiben darin wälzen und im Öl schwimmend ausbacken,
bis sie goldbraun und außen knusprig sind. Gegen Ende die
Knoblauchzehe und feingehackte Petersilie mitbraten. Sofort
heiß servieren.

Puré de berenjenas
Auberginenpüree

2 große Auberginen
1 Zwiebel
4 Knoblauchzehen
200 g gehobelte Mandeln
Kumin
Salz
Pfeffer
Petersilie
½ Tasse Olivenöl

Die Auberginen in kleine Stücke schneiden, Zwiebel und Knoblauch fein hacken. Das Olivenöl erhitzen, bis es leicht raucht. Die Auberginen und die Zwiebel etwa 15 Minuten braten, dabei gelegentlich wenden. Sind alle Auberginenstücke gar, den Knoblauch, die Mandeln und den Kumin hinzufügen. Unter ständigem Rühren weiterbraten, bis die Mandeln goldbraune Farbe annehmen. Vorsicht, Mandeln und Knoblauch dürfen nicht anbrennen ! Salz, Pfeffer und Petersilie beigeben, die Pfanne vom Herd nehmen und etwas abkühlen lassen.
Im Mixer alles fein pürieren und warm auf getoasteten und mit Knoblauch eingeriebenen Weißbrotscheiben als Canapés servieren.

Aguacate andalusí
Avocado in würziger Sauce

3 Avocados
1 Zwiebel
3 Knoblauchzehen
1 TL gemahlener Kumin
1 TL Koriander
½ TL Paprikapulver
6 EL Olivenöl

Das Öl in einer Pfanne stark erhitzen. Die feingehackte Zwiebel goldgelb anbraten, den Knoblauch in der Presse zerdrücken und mit den Gewürzen kurz im Öl wenden. Die Pfanne sofort vom Feuer nehmen und kalt werden lassen. Die Avocados der Länge nach halbieren, den Kern entfernen und in jede Hälfte einen Eßlöffel der Sauce geben. Mit gerösteten Brotscheiben servieren.

Puré de aguacates
Avocadocreme

2 reife Avocados
50 g Kräuter (Kresse, Schnittlauch und Petersilie)
1 Zitrone
1 Becher süße Sahne (250 cl)
2 EL Mayonnaise
3 Sardellenfilets
Salz
Tabasco

Die Avocados schälen, den Kern entfernen und in grobe Würfel schneiden. Die Sardellenfilets gut abspülen, um den Salzgehalt zu verringern. Alles zusammen im Mixer pürieren. Mit Salz und Tabasco abschmecken. Diese Creme paßt gut zu Fleisch und Krabben. Dazu getoastete und mit Knoblauch eingeriebene Brotscheiben.

Brécoles al horno con piñones
Gebackener Brokkoli mit Pinienkernen

500 g Brokkoli
2 Knoblauchzehen
100 g Pinienkerne (oder Mandeln)
50 g Sesamkörner
50 g Butter
½ TL Olivenöl
Salz
Pfeffer
Paprikapulver (süß)
6 Eier
100 g Käse (z. B. Manchego)

Den Brokkoli in einzelne Röschen teilen, waschen und 10
Minuten dünsten. Inzwischen die Butter mit dem Öl erhitzen
(die Butter brennt dann nicht an), den gepreßten Knoblauch,
die Pinienkerne (oder Mandeln) und den Sesam unter ständigem Rühren goldgelb anbraten. Das Gemüse und den Paprika
hinzufügen und unter Wenden anbraten. Den Brokkoli in 6
feuerfeste Schälchen verteilen. Die Eier über dem Gemüse
aufschlagen, den geriebenen Käse darüberstreuen und im
vorgeheizten Backofen backen, bis das Eiweiß fest, das
Eigelb jedoch noch weich ist.

Calabacines en salsa
Zucchini in würziger Sauce

500 g Zucchini
8 EL Olivenöl
2 Zwiebeln
2 Knoblauchzehen
1 rote Paprikaschote
3 Tomaten
1 Salbeiblatt
frischer Basilikum
frischer Oregano
1 EL Zitronensaft

Die Zucchini der Länge nach in Streifen schneiden. In einer
Pfanne das Olivenöl erhitzen und die Zucchinistreifen und die
in Ringe geschnittenen Zwiebeln anbraten. Unter regelmäßigem
Rühren solange schmoren lassen, bis die Zucchini gar sind. Die
gehackten Tomaten, den gepreßten Knoblauch, die geschnittenen
Kräuter und den Zitronensaft zugeben, nur wenige Sekunden
bei großer Hitze umrühren und sofort alles herausnehmen. Die
Tomaten sollen noch ihre Konsistenz behalten. Lauwarm oder
kalt mit Canapés servieren.
Eine einfachere Variante: die Zucchinistreifen langsam unter
gelegentlichem Wenden in Olivenöl braten, bis sie gar sind.
In den letzten zwei Minuten einige dünne Knoblauchscheiben
mitbraten.

Cebollas a la andaluza
Zwiebeln mit Hackfleischfüllung

300 g Hackfleisch (Rind oder Lamm)
50 g Schinkenspeck, kleingehackt
Petersilie
Knoblauch
2 geriebene Zwiebackscheiben (wahlweise)
1 EL Kumin
6 mittelgroße Zwiebeln, mit einem Löffel ausgehöhlt, das
Innere kleingehackt
Pfeffer
Salz
Olivenöl
Mehl
etwas Weinessig

Hackfleisch, Schinkenspeck, Petersilie, Knoblauch, Zwieback,
Kumin, gehackte Zwiebel, Salz und Pfeffer zu einer Masse
kneten, in die ausgehöhlten Zwiebeln füllen und in einer Kasserolle mit dem Rest der Masse in etwas Olivenöl schmoren. In
einer Pfanne Öl erhitzen, das Mehl anschwitzen und einige
Tropfen Essig hinzugeben. Diese Sauce über die fertigen
Zwiebeln gießen und heiß servieren.

Champiñones al ajillo
Champignons mit Knoblauch

500 g Champignons
100 g Butter
1 TL Olivenöl
3 Knoblauchzehen
2 EL gehackte Petersilie
Pfeffer
Salz

Die Pilze säubern und in grobe Stücke schneiden. Die Butter
und das Öl stark erhitzen. Die Pfanne muß groß genug sein,
daß die Pilze nicht aufeinander liegen. Die Champignons
braten, ohne die Hitze zu reduzieren, da sie sonst Wasser
ziehen. Bei gelegentlichem Wenden sind die Pilze nach etwa
10 Minuten gar und haben Farbe angenommen. Den gepreßten
Knoblauch und die Petersilie unter die Pilze rühren, salzen,
pfeffern und sofort heiß servieren.

Champiñones al horno
Gebackene Champignons

500 g mittelgroße Champignons
2 Zwiebeln
50 g Butter
1 Knoblauchzehe
2 Scheiben Zwieback
100 g Reibkäse
Petersilie
Pfeffer
Salz

Die Champignons nach Möglichkeit nicht waschen, da sie sich
sonst mit Wasser vollsaugen. Mit Küchenkrepp sauber reiben.
Die Stiele entfernen.
Die Butter in einer Pfanne erhitzen und die gehackten Zwiebeln
darin anbraten. Die zerquetschte Knoblauchzehe kurz mit den
Zwiebeln zusammen wenden und sofort vom Feuer nehmen.
Den Zwieback grob zerkleinern und im Mörser fein zermahlen.
Die Petersilie fein hacken. Alle Zutaten zu einem Brei verrühren, in die Champignon-Kappen füllen und auf einem Blech im
vorgeheizten Backofen backen, bis sich die Füllung goldgelb
gefärbt hat.

Coliflor al ajo arriero
Blumenkohl auf Maultiertreiberart

1 Blumenkohl
2 Knoblauchzehen
1 TL Kumin, gemahlen
1 Prise Rosenpaprika
1 EL Petersilie, feingehackt
2 EL Sherry
Pfeffer, Salz
Olivenöl

Den Blumenkohl in kleine Röschen teilen, waschen und dünsten, bis er fast gar, aber noch fest ist. Abtropfen lassen. In einer Bratpfanne das Öl erhitzen, bis es etwas raucht, Knoblauch, Kumin und Paprika ins Öl rühren und sofort den Blumenkohl hinzugeben. Unter vorsichtigem Rühren solange braten, bis die Röschen Farbe annehmen. Mit dem Sherry und der Petersilie noch einmal wenden und vom Feuer nehmen. Kalt servieren.

Endibia con anchoas
Chicorée mit Sardellen

2 Chicorées
1 Knoblauchzehe
2 Sardellenfilets
Olivenöl
Minze
Pfeffer
Salz

Die Chicorées gut waschen und in Salzwasser nicht zu gar kochen. Abtropfen lassen, der Länge nach halbieren und zur Seite stellen. Das Olivenöl erhitzen und die zerdrückte Knoblauchzehe kurz darin anbraten. Die gut gewaschenen Sardellen im Mörser fein zermahlen und ins Öl einrühren. Die Chicorées in dieser Mischung schmoren. Mit Salz und Pfeffer würzen, mit gehackter Minze bestreuen und servieren.

Ensalada murciana
Gemüsesalat

3 rote Paprikaschoten
3 Tomaten
3 Zwiebeln
2 Auberginen
1 Bund Knoblauchgrün (oder Frühlingszwiebeln)
1 Knoblauchzehe
1 Tasse Olivenöl
1 Zitrone
Salz
Pfeffer
Petersilie

Im vorgeheizten Backofen die Paprikaschoten, Tomaten, Zwiebeln, das Knoblauchgrün und die Auberginen solange backen, bis das Fleisch der Auberginen gar ist. Gelegentlich wenden. Die Tomaten eventuell früher herausnehmen. Das Gemüse etwas kalt werden lassen, schälen und (außer den Tomaten) in lange Streifen schneiden. Aus dem Öl, dem Zitronensaft, Salz, Pfeffer, Petersilie und gepreßten Knoblauch eine Salatsauce anrühren.
Die Gemüsestreifen und die Tomaten auf eine Platte legen und die Sauce darübergießen. Lauwarm servieren.

Ensaladilla rusa
Russischer Salat

2 Kartoffeln
1 kleine Rübe (oder Kohlrabi)
1 Möhre
100 g Erbsen
3 Eier
1 Eigelb
1 Tasse (neutrales) Olivenöl
½ Zitrone
Pfeffer
Salz

Die Kartoffel, die Kohlrabi, die Möhre, die Erbsen und die
Eier gar kochen, kalt werden lassen und in kleine Stücke
schneiden. Das Eigelb mit dem Schneebesen in einer Schüssel
rühren. Tropfenweise Öl einrühren, bis eine gut verbundene
Mayonnaise entsteht. Löffelweise die ganze Tasse Öl einar-
beiten und zum Schluß mit Salz, Pfeffer und etwas Zitronensaft
würzen. Die Sauce und die Gemüse vorsichtig verrühren und
kalt servieren.
Für diesen Salat kann man auch kaltes Fleisch, Thunfisch,
Paprikaschoten, Rote Beete u.v.a. verwenden.

Espárragos trigueros
Wilder Spargel

500 g wilder (grüner) Spargel
2 EL Mehl
1 Ei
1 EL Milch
6 EL Olivenöl
Pfeffer
Salz

Für dieses Gericht nur die Spargelspitzen verwenden (ca. 12 cm). In Salzwasser 5 Minuten dünsten und abtropfen lassen. Mit Schaumlöffel im Mehl wenden, ins geschlagene und mit der Milch vermischte Ei tauchen und im sehr heißen Olivenöl (oder in Butter, je nach Geschmack) goldgelb braten. Auf Küchenkrepp das überschüssige Fett abtropfen lassen, salzen und heiß servieren.

Im Frühling und Frühsommer stehen häufig Verkäufer mit wildem Spargel am Straßenrand oder am Rand eines Marktes. Der wilde Spargel ist dünner und unregelmäßiger gewachsen als der gezüchtete grüne Spargel. Es erfordert einen geübten Blick und viel Geduld, bis man im unwegsamen Gelände eine Handvoll dieser Köstlichkeit zusammengesucht hat. Für unsere Rezepte kann es aber auch der herkömmliche grüne Spargel sein.

Espinacas al Sacromonte
Spinat Sacromonte

1 kg Spinat
2 Knoblauchzehen
150 g Mandeln
150 g Rosinen
2 Safranfäden, zerstoßen
1 Zwieback, zerstoßen
Olivenöl
1 TL Weinessig
Pfeffer
Salz

Den Spinat waschen und in reichlich Salzwasser gar kochen.
Abtropfen lassen und grob hacken. In einer Pfanne das Öl
erhitzen. Die Mandeln mit heißem Wasser überbrühen, schälen
und zusammen mit dem Zwieback und den Knoblauchzehen
leicht anbraten. Mandeln, Zwieback, Knoblauch und Safran im
Mörser zerstoßen. Diese Paste, den Spinat und die Rosinen in
der Pfanne schmoren. Mit Salz, Pfeffer und ein wenig Essig
abschmecken, mit gerösteten Mandeln bestreuen und warm
oder kalt servieren.

Garbanzos a la andaluza
Kichererbsen

500 g Kichererbsen
½ TL Natron
250 g kleine Zwiebeln
125 g durchwachsenen Speck
250 g grüne Paprikaschoten
1 Glas trockenen Weißwein
1 Lorbeerblatt
Olivenöl
Salz
Pfeffer

Die Kichererbsen mit dem Natron 12 Stunden in Wasser
einweichen. In 1½ l Wasser eine Stunde kochen. Nun die
geschälten und halbierten Zwiebeln, den grob geschnittenen
Speck, den Wein, das Lorbeerblatt und etwas Salz hinzufügen und solange kochen lassen, bis die Kichererbsen gar
sind. Die in Streifen geschnittenen Paprikaschoten im sehr
heißen Olivenöl braten und auf die Kichererbsen legen. Das
restliche Öl aus der Pfanne darüberträufeln und heiß servieren.

Garbanzos con espinacas
Kichererbsen mit Spinat

500 g Kichererbsen
½ TL Natron
2 Zwiebeln
4 Knoblauchzehen
1 Lorbeerblatt
1 Scheibe Zwieback
¼ TL Paprikapulver (mild)
500 g Spinat
2 Tomaten
5 EL Olivenöl
Salz, Pfeffer
100 g Mandeln

Die Kichererbsen und das Natron über Nacht mit Wasser
bedeckt einweichen. Mit etwas Salz weichkochen. Abtropfen
und die Brühe verwahren. Zwiebeln und Knoblauch schälen
und fein hacken. Den Zwieback im Mörser pulverisieren. In
einem Schmortopf das Olivenöl erhitzen und die Zwiebeln,
später den Zwieback, den Knoblauch und das Lorbeerblatt
unter ständigem Rühren goldgelb anbraten.
Den Spinat gründlich waschen, in leicht gesalzenem Wasser
dünsten, grob hacken. Die Tomaten schälen und hacken.
Kichererbsen, Spinat, Tomaten und Paprika zum Öl in den
Schmortopf geben, salzen, pfeffern und 20 Minuten auf
kleinem Feuer köcheln lassen. Bei Bedarf etwas Erbsen-
brühe zugeben.
Die Mandeln blanchieren, schälen und leicht anrösten. In
Tapaschälchen servieren und jeweils mit einigen Mandeln
dekorieren.
Eine Variante: das gleiche Gericht ohne Tomaten.

Habas con jamón
Dicke Bohnen mit Schinken

500 g dicke Bohnen (getrocknet)
½ TL Natron
4 EL Olivenöl
½ TL Paprikapulver (süß)
1 Zwiebel
100 g Schinken
Salz
Pfeffer

Die Bohnen zusammen mit dem Natron über Nacht in
einer Schüssel mit Wasser bedeckt einweichen. In einem
großen Topf bei kleiner Flamme kochen, evtl. Wasser
auffüllen. Abtropfen lassen. Die kleingehackte Zwiebel,
den fein geschnittenen Schinken und die Bohnen im sehr
heißen Olivenöl braten, bis sie Farbe angenommen haben.
Den Schinken kann man auch durch Chorizos (Paprikawürste) ersetzen oder beides miteinander kombinieren.
Mit getoastetem Weißbrot servieren.

Judías verdes con almendras y cebollas
Grüne Bohnen mit Mandeln und Zwiebeln

500 g frische grüne Bohnen
Bohnenkraut
200 g Mandeln
2 Zwiebeln
Pfeffer
Salz
50 g Butter

Die Bohnen säubern, mit dem Bohnenkraut in wenig Wasser
mit etwas Salz gar dünsten, das Bohnenkraut entfernen und
die Bohnen abtropfen lassen. Die Zwiebeln der Länge nach
in Streifen schneiden und in der heißen Butter glasig braten.
Die Mandeln in der Butter goldgelb rösten und zur Seite
stellen. Nun die Bohnen und Zwiebeln bei starker Hitze und
unter gelegentlichem Wenden braten, die Mandeln unterrühren
und vom Feuer nehmen. Heiß servieren.

Patatas bravas
Scharfe Kartoffeln

400 g Kartoffeln
1 Tasse Olivenöl
2 scharfe Chilischoten oder
1 TL Rosenpaprika (scharf)
4 Knoblauchzehen
Salz

Patatas bravas sind eins der wenigen scharfen spanischen
Gerichte. Die Kartoffeln etwa 25 Minuten in Salzwasser
kochen, kalt werden lassen und schälen. In Stücke oder
Scheiben schneiden. In vier Tonschalen im vorgeheizten
Backofen Olivenöl erhitzen. Sobald das Öl raucht, die
Kartoffeln, den Knoblauch und die in Scheiben geschnit-
tenen Chilis hineinlegen. Salzen und solange backen, bis
die Kartoffeln außen knusprig und innen weich sind.
Man kann die Kartoffeln auch in rohem Zustand backen.
Sie müssen dann geschält, geschnitten, gewaschen und
abgetrocknet werden.

Patatas fritas
Bratkartoffeln

500 g Kartoffeln
1 Tasse Olivenöl
1 Lorbeerblatt
1 EL Rosmarin
Pfeffer
Salz

Die Kartoffeln schälen und in 5 mm dicke Scheiben schneiden. Waschen, im Sieb abtropfen lassen und mit Küchenkrepp abtupfen. Das Öl in einer Pfanne erhitzen, bis es zu rauchen beginnt. Die Kartoffeln bei starker Hitze etwa 10 bis 20 Minuten im Öl braten, bis sie goldgelb bis knusprig braun sind,. In den letzten 5 Minuten das Lorbeerblatt und den fein zerstoßenen Rosmarin mitbraten. Salzen und sofort heiß servieren. Dazu werden häufig Spiegeleier gegessen, die man im gleichen Öl brät.
Der Geschmack der Kartoffeln hängt vor allem von der Qualität des Olivenöls und von dessen ausreichender Menge ab. Das Öl muß während der gesamten Bratzeit sehr heiß sein.

Pimientos fritos
Gebratene Paprikaschoten

4 grüne oder rote Paprikaschoten
2 Knoblauchzehen
6 EL Olivenöl
Salz
Pfeffer

Die Paprikaschoten waschen, die Kerne herauslösen und
der Länge nach in 4 cm breite Streifen schneiden.
Das Olivenöl in einer großen Pfanne erhitzen. Sobald es
zu rauchen beginnt, die mit Küchenkrepp trockengetupften
Paprikastreifen darin braten. Regelmäßig umdrehen, damit
das Gemüse gleichmäßig gar und von allen Seiten etwas
angebräunt wird. Den Knoblauch schälen, in hauchdünne
Scheibchen schneiden und im letzten Moment kurz mitbraten.
Die Paprikastreifen salzen und mit dem Öl und etwas Brot
servieren.
Als Variante können die mit Olivenöl bestrichenen Paprikastreifen auch im Backofen bei mittlerer Hitze gegart werden.

Pimientos rellenos
Gefüllte Paprikaschoten

6 rote Paprikaschoten
6 EL Olivenöl
200 g Lammhackfleisch
1 TL Kumin
1 Tasse gekochten Reis
2 EL gehackte Petersilie
1 Eigelb
2 Zwiebeln
2 Knoblauchzehe
3 Tomaten
1 Glas trockenen Weißwein
Pfeffer
Salz

Die Paprikaschoten waschen, am Stiel aufschneiden und
entkernen. In einer Pfanne das Hackfleisch, den Kumin
und die gehackten Zwiebeln in etwas Olivenöl braten. Den
gekochten Reis und die Petersilie hinzugeben und vom Feuer
nehmen. Das Eigelb unterrühren und diesen sogenannten
Sofrito mit einem Löffel in die Paprikaschoten füllen.
In einem Schmortopf das restliche Öl erhitzen, den gepreßten
Knoblauch kurz darin wenden, die gehackten Tomaten und
die Petersilie zugeben und alles etwas köcheln lassen. Mit
Salz und Pfeffer würzen. Den Wein zugießen und die Paprikaschoten in die Sauce legen. Bei kleiner Flamme etwa 40
Minuten schmoren.

Pinchos de plátanos, dátiles y ciruelas pasas
Bananen- Dattel- und Backpflaumenspieße

2 feste Bananen
10 Datteln
10 Trockenpflaumen ohne Konservierungsstoffe (Reformhaus)
Bacon in dünnen Scheiben
Mandeln
Pistazien
Pfeffer
etwas Butter
Zahnstocher

Die Pflaumen 2 Stunden in Wasser einweichen. Inzwischen
die Mandeln abschrecken, schälen und mit etwas Butter goldgelb rösten. Die Pflaumen mit Küchenkrepp abtrocknen und
die Pistazien oder die gerösteten Mandeln anstelle des Kerns
ins Innere stecken. Die Datteln in gleicher Weise füllen. Die
Bananen in Stücke schneiden. Alle Früchte mit je einer Scheibe
Bacon umwickeln, mit einem Zahnstocher feststecken und im
vorgeheizten Backofen oder in der leicht eingefetteten Pfanne
bei großer Hitze backen bzw. braten, bis der Speck sich golden
färbt.
Es können auch andere halbtrockene Früchte verwendet werden.

Pipirrana
Salatteller

1 Kopf Salat (Romana oder Eisberg)
1 Gurke
2 grüne Paprikaschoten
1 Knoblauchzehe
3 Tomaten
100 g Oliven
Olivenöl
Sherryessig oder Zitronen- oder Orangensaft
Salz
Pfeffer

Den Salat waschen, abtropfen und in 3 cm breite Streifen
schneiden. Die Gurke und die Paprikaschoten in dünne
Streifen, die Tomaten in Stücke schneiden.
Eine große Salatschüssel mit der Knoblauchzehe ausreiben.
Mit dem Öl und dem Essig (oder Zitrone oder Orange) eine
Salatsauce rühren, mit Salz und Pfeffer abschmecken und
die restlichen Zutaten unterheben.

Die Pipirrana läßt sich auch mit anderen Zutaten kombi-
nieren. Je nach Region werden Stockfisch, gebratene
Sardellen, Fischrogen, fritierte Chanquetes, gekochte Eier,
Crevetten, Miesmuscheln, Tintenfisch u.v.a. untergemischt.

Tomates rellenos de anchoas y alcaparras
Tomaten gefüllt mit Sardellen und Kapern

6 kleine Tomaten
6 Sardellenfilets
2 EL Kapern
1 Zwiebel
1 Knoblauchzehe
1 Blatt Salbei
Oregano
2 EL Olivenöl

Die Tomaten waschen und je eine Kappe abschneiden.
Die Kerne und den Saft mit einem Löffel herausnehmen.
In einer Pfanne das Öl erhitzen. Die gehackte Zwiebel und
den gepreßten Knoblauch kurz anbraten. Das Innere der
Tomaten, das Salbeiblatt und den Oregano hineingeben und
auf schwachem Feuer etwas reduzieren. Die Sardellenfilets
gründlich abspülen, kleinhacken und mit den abgetropften
Kapern zusammen in die Sauce mischen. Die Tomaten mit
der Sauce füllen und 10 Minuten im vorgeheizten Backofen
backen.

FLEISCHGERICHTE

Albóndigas con comino
Rindfleischbällchen mit Kumin

500 g Rinderhackfleisch
2 Zwiebeln
2 Eier
1 EL Kuminkörner
2 EL Wasser
Salz
Pfeffer
1 Tasse Olivenöl

Die Zwiebeln fein hacken. Alle Zutaten außer dem Olivenöl
gut verrühren und kneten, bis eine glatte Masse entsteht. In
tischtennisballgroße Kugeln formen. Das Olivenöl in einer
schweren Pfanne erhitzen. Sobald es zu rauchen beginnt, die
Bällchen nebeneinander ins Öl legen und bei starker Hitze
braten. Ab und zu wenden, damit alle Seiten braun werden.
Entweder heiß oder bei Zimmertemperatur mit je einem
Teelöffel des Öls servieren.

Kumin oder Kreuzkümmel ist ein in Asien und im Maghreb
sehr verbreitetes Gewürz. In Spanien findet es sich vor allem
in den Rezepten, die auf die Zeit der Mauren zurückgehen. Es
darf keinesfalls mit Kümmel verwechselt oder durch diesen
ersetzt werden.

Foto: Rinderfilet mit Maracujasauce (S. 82)

Albóndigas a la parrilla
Hackfleischbällchen auf dem Holzkohlegrill

1 kg Rinderhackfleisch
1 feingehackte Zwiebel
2 gepreßte Knoblauchzehen
Salz, Pfeffer, Chilipulver, 1 TL Kumin
30 blanchierte Mandeln
1 Ei, 2 EL Wasser
3 EL Olivenöl
1 fein gehackte Zwiebel
1 Pfund gehackte Tomaten
1 kleine Dose Tomatenmark
1 gepreßte Knoblauchzehe
1 geriebener Apfel
¼ Liter Rotwein
1 Glas trockener Sherry
1 gehackte Chilischote
25 g Rosinen
¼ TL Zimt, gemahlen
50 g gefüllte Oliven
10 Mandeln, blanchiert

Hackfleisch, Zwiebeln, Knoblauch, Chili, Kumin, Salz, Pfeffer,
Ei und Wasser vermischen. 30 Bällchen formen und je eine
Mandel in die Mitte drücken. Kühl stellen. Für die Sauce das
Öl in einer Pfanne erhitzen und die Zwiebeln leicht anbräunen.
Die weiteren Zutaten, außer Mandeln und Oliven, zugeben und
10 Minuten köcheln. Oliven und Mandeln hacken und einrüh-
ren. Die Sauce heiß stellen. Die Fleischbällchen etwa 10 Minu-
ten auf Holzkohle grillen. Einmal wenden. Mit der heißen
Sauce servieren.

Foto: Rindfleischbällchen mit Kumin (S. 66)
         Maurische Spieße (S. 87)

Cabrito a la pastoril
Zicklein auf Hirtenart

1 kg Zicklein
1 Tasse Olivenöl
1 ganze Knoblauchzwiebel
3 EL Mehl
1 Lorbeerblatt
2 Scheiben Zwieback
100 g Mandeln
die Leber des Zicklein
Pfeffer
Salz
2 EL Sherryessig
5 Safranfäden
Paprikapulver
1 Glas Wasser
1 Glas Sherry oder Málagawein

In einem großen Schmortopf das Öl erhitzen. Eine ganze Knoblauchzehe darin braten und wieder entfernen. Das Fleisch in Stücke schneiden, im Mehl wälzen und in heißem Öl von allen Seiten braten. Das Lorbeerblatt und einige geschnittene Knoblauchzehen dazugeben und kurz mitrösten. In einer Pfanne die restlichen Knoblauchzehen, den geriebenen Zwieback, die geschälten Mandeln und die Leber braten. Das alles in einem Mörser zusammen mit etwas schwarzem Pfeffer, Safran, Paprikapulver und dem Essig zermahlen. Diese Paste zum Fleisch in den Schmortopf geben, den Wein und das Wasser eingießen, umrühren und solange schmoren lassen, bis das Fleisch zart und die Sauce dickflüssig ist.

Cabrito al vino blanco con garbanzos
Zicklein mit Kichererbsen und Wein

1 kg Zicklein
500 g Kichererbsen
½ TL Natron
1 Tasse Olivenöl
3 Zwiebeln
8 Knoblauchzehen
4 Tomaten
1 Lorbeerblatt
1 Salbeiblatt
½ l Weißwein
Petersilie

Die Kichererbsen 24 Stunden in Wasser und Natron einweichen. Das Fleisch in ca. 8 cm große Stücke schneiden.
In einem großen Schmortopf das Olivenöl erhitzen. Sobald
es etwas zu rauchen beginnt, die Fleischstücke von allen Seiten
goldbraun anbraten und wieder herausnehmen. Im selben Öl
die geschnittenen Zwiebeln, feingehackten Knoblauchzehen,
Lorbeer und Salbei anbraten. Die gehackten Tomaten, die
Kichererbsen, Salz und den Wein in den Schmortopf geben
und ca 1½ Stunden kochen. Wenn die Kichererbsen gar sind,
mit Pfeffer abschmecken, die Fleischstücke unterheben und
weitere 10 Minuten schmoren. Die gehackte Petersilie zugeben
und in Tapa-Schälchen je etwas Fleisch, einige Kichererbsen
und Sauce servieren.

Callos a la andaluza
Kutteltopf

500 g Innereien vom Rind
1 Tasse Weinessig
1 Tasse Olivenöl
2 Zwiebeln
1 Tomate
1 Lorbeerblatt
½ TL Paprikapulver
4 Knoblauchzehen
1 Glas trockener Sherry
1 scharfe Chilischote
Petersilie
50 g Schinken
Salz
Pfeffer

Die Kutteln gründlich waschen und in kleine Stücke schneiden. Mit dem Essig, dem Lorbeerblatt und etwas Wasser etwa zwei Stunden kochen lassen. Unter fließendem Wasser abspülen. In einem Topf das Öl erhitzen. Die feingehackten Zwiebeln und den zerdrückten Knoblauch anbraten, die gehackte Tomate, das Paprikapulver, die Chilischote, den Schinken und den Wein zugeben, mit etwas Wasser auffüllen, salzen, pfeffern und etwa 45 Minuten köcheln lassen. Kurz vor dem Servieren die gehackte Petersilie einrühren.
Für dieses Gericht werden auch oft zu gleichen Teilen Kutteln und Kichererbsen verwendet.

Carne de cerdo con almejas y tomate
Schweinefleisch mit Muscheln und Tomate

500 g mageres Schweinefleisch
500 g reife Tomaten
250 g Venusmuscheln
6 EL Olivenöl
1 Zwiebel
4 Knoblauchzehen
½ TL Paprikapulver
3 Safranfäden
1 Lorbeerblatt
Thymian
Oregano
1 Glas Weißwein
1 TL Sherryessig (Weinessig)
Salz
weißer Pfeffer
Petersilie

Das Fleisch in Würfel schneiden. Die Tomaten schälen und
hacken. Die Muscheln 1 Stunde in kaltes Wasser legen. Offene
Muscheln entfernen. Die Safranfäden in etwas Wasser einweichen. In einem Schmortopf das Öl erhitzen. Sobald es zu
rauchen beginnt, die Fleischwürfel von allen Seiten goldbraun
anbraten. Die gehackte Zwiebel und das Lorbeerblatt am Ende
mitbraten. Den gepreßten Knoblauch kurz unterrühren. Die
Tomaten, den Wein, den Essig und die Gewürze dazugeben
und gut durchrühren. Solange schmoren lassen, bis das Fleisch
zart und die Sauce reduziert ist. Die Muscheln hineingeben
und weitere 10 Minuten bedeckt köcheln lassen. Mit gehackter
Petersilie bestreuen und servieren.

Chicharrones
Geröstete Speckstreifen

50 g Schweineschmalz
300 g Schweinebauch oder Speck
Salz
Salatblätter

Das Schweineschmalz in einer schweren Pfanne erhitzen. Das
Bauchfleisch oder den Speck in dünne lange Streifen schneiden
und im heißen Fett goldbraun und kross braten. Dabei mit
einem Fettspritzsieb abdecken. Abtropfen lassen und mit
Küchenkrepp das überschüssige Fett aufsaugen. Salzen und
mit Brot und Salat servieren.

Chuletas de cordero con romero
Lammkoteletts mit Rosmarin

6 kleine Lammkoteletts
3 EL Olivenöl
50 g Butter
Rosmarin (frisch oder getrocknet)
1 Knoblauchzehe
1 Zitrone
Pfeffer
Salz

Die Lammkoteletts von Knochensplittern säubern und mit
Küchenkrepp trockentupfen. Das Olivenöl zusammen mit
der Butter in einer großen Pfanne, in der alle Lammkoteletts
nebeneinander Platz haben, erhitzen. Wenn das Fett zu rauchen
beginnt, das Fleisch bei großer Hitze braten. Mit einem Fettspritzsieb abdecken. Nach etwa 5 Minuten wenden und die
Rückseite braten. Den im Mörser zerriebenen Rosmarin ein-
streuen und weitere 5 Minuten mitbraten. Kurz vor dem Servieren die zerdrückte Knoblauchzehe ins heiße Fett geben und
einige Sekunden unter Rühren anbraten. Mit Zitronenspalten
garnieren und heiß servieren.

Codornizes a la vinagreta
Wachteln in Vinaigrette

4 Wachteln
100 g Gänseleber
100 g große Weintrauben
4 Scheiben durchwachsenen Speck
1 Tasse Olivenöl
4 Zwiebeln
10 Knoblauchzehen
Pfeffer
Salz
3 Lorbeerblätter
6 EL Sherryessig
Zitronenspalten

Die Wachteln säubern, salzen, mit der Gänseleber und den
geschälten Trauben füllen, mit den Speckscheiben umwickeln
und mit Spießchen zusammenstecken. In einem Schmortopf
die Hälfte des Öls erhitzen und die Wachteln von allen Seiten
vorsichtig anbraten. In einer Pfanne das restliche Öl erhitzen
und die grob geschnittenen Zwiebeln goldgelb braten. Die
gehackten Knoblauchzehen und die Lorbeerblätter zugeben
und kurz mitbraten. Den Inhalt der Pfanne, Salz, Pfeffer und
den Essig zu den Wachteln in den Schmortopf geben und auf
kleinem Feuer bedeckt schmoren, bis das Fleisch gar ist. Die
Wachteln halbieren und mit etwas Leber, Trauben und einer
Zitronenspalte servieren.

Conejo en salmorejo
Kaninchen in Beize

1 Kaninchen
1 Kaninchenleber
1 Knoblauchzwiebel
1 rote Paprikaschote
1 TL Rosenpaprika (scharf)
1 TL Kumin
1 Lorbeerblatt
1 EL gerebelter Thymian
1 Tasse Olivenöl
1 EL Weinessig
Salz
Pfeffer

Das Kaninchen säubern und in *tapa*-gerechte Stücke teilen.
Das Fleisch in einer Schüssel zusammen mit 1 Tasse Olivenöl,
mehreren zerstoßenen Knoblauchzehen, Lorbeer, Thymian und
etwas Salz zusammen zwei Stunden lang einlegen. Mehrmals
wenden und mit der Beize übergießen. Die Kaninchenstücke
herausnehmen, das Öl mit den Gewürzen erhitzen und die
Fleischstücke allseitig anbraten. In einem Mörser die Paprikaschote, weitere Knoblauchzehen, Kumin, Rosenpaprika und
einige bereits gekochte Leberstücke fein zerstoßen. 1 EL Essig
und etwas Wasser hinzufügen und alle Zutaten mit dem Fleisch
zusammen im geschlossenen Topf köcheln lassen, bis das
Fleisch gar ist.

Cordero lechal
Milchlamm

1 kg Lammkeule (ca. 2 Stück)
4 EL Schweineschmalz
1 Zwiebel, kleingehackt
1 Lorbeerblatt, Thymian
1 Tomate, kleingehackt
½ l trockener Weißwein
½ l Fleischbrühe
4 Äpfel, geschält und geviertelt
500 g Möhren
2 EL Mandeln oder Pinienkerne
2 Knoblauchzehen
Petersilie
Salz, Pfeffer

Die Knochen aus dem Fleisch lösen und beiseite stellen. Die Hälfte Schmalz in einem schweren Topf erhitzen, die in Stücke gehackten Knochen, die Zwiebel, die Tomate, das Lorbeerblatt und den Thymian etwa 10 Minuten auf kleiner Flamme unter gelegentlichem Rühren braten. Den Wein hinzufügen und durch Köcheln auf die Hälfte reduzieren. Die Fleischbrühe dazugeben und weitere 10 Minuten köcheln lassen. Durch ein Sieb schütten und zur Seite stellen.

Das Lammfleisch salzen, pfeffern und mit dem restlichen Schmalz einstreichen. Die Äpfel ins Innere füllen und fest zusammenbinden. Das Fleisch in eine Auflaufform legen, die Möhren, den gehackten Knoblauch, Petersilie und Mandeln (oder Pinienkerne) ringsum legen, die Sauce darübergießen und im vorgeheizten Backofen bei 200° 1-1½ Stunden backen. In kleine Portionen schneiden und mit je einer Möhre und einigen Mandeln servieren.

Criadillas de cordero
Lammhoden

250 g Lammhoden
100 g Schweineschmalz
2 EL Mehl
2 Eier
2 EL Milch
2 Scheiben Zwieback
Petersilie
1 Zitrone
Pfeffer
Salz

Empfindlichen Gästen schmeckt dieses Gericht besser, wenn
sie nicht wissen, worum es sich handelt. Die Hoden säubern,
die Haut entfernen und in dünne Scheiben schneiden. Im Mehl
wälzen, überschüssiges Mehl abschütteln, in die geschlagenen
und mit der Milch vermischten Eier eintauchen und im fein
geriebenen Zwieback panieren.
Im sehr heißen Schmalz goldbraun braten. Am Rand der Pfanne
die gehackte Petersilie kross braten und über die Scheiben
streuen. Salzen, pfeffern und mit Zitronenspalten servieren.

Estofado de buey
Ochsenschmorfleisch

1 kg Ochsenschulter
100 g Schweineschmalz
1 große Zwiebel
1 Möhre, in Scheiben
10 Knoblauchzehen
2 Lorbeerblätter
Thymian, Petersilie
2 Tomaten
2 Glas Sherry
1 Gläschen Weinbrand
1 EL Mehl
2 EL Olivenöl
500 g kleine Zwiebeln
30 g Schokolade
1 Prise Zimt, Salz, Pfeffer

In einem großen Schmortopf das Schmalz erhitzen. Das
Fleisch in 3 cm große Würfel schneiden und im Schmalz von
allen Seiten anbraten. Salzen, pfeffern. Die grob geschnittene
Zwiebel, die Möhre, die geschälten ganzen Knoblauchzehen
und die Kräuter zugeben und dünsten. Die Tomate, den Sherry
und den Weinbrand einrühren, die Prise Zimt hinzufügen und
bedeckt die Flüssigkeit verdampfen lassen. Das Mehl einrühren, kurz aufkochen und mit heißem Wasser auffüllen, bis
das Fleisch bedeckt ist. Auf kleiner Flamme etwa 1 Stunde
köcheln lassen. Die kleinen Zwiebeln heiß überbrühen, schälen
und in einer Pfanne im heißen Öl anbraten. Die Zwiebeln und
die geriebene Schokolade zum Fleisch geben und so lange
weiterköcheln, bis das Fleisch zart ist. Auf kleinen Schälchen
je drei Fleischwürfel und drei Zwiebeln mit etwas Sauce
servieren.

Estofado de ternera con setas
Kalbfleisch mit Pilzen

500 g Kalbfleisch
100 g Mehl
2 EL Schweineschmalz
4 EL Olivenöl
1 Zwiebel
1 Möhre
3 Tomaten
1 Lorbeerblatt
Salz, Pfeffer
3 Gewürznelken
1 Gläschen Weinbrand
300 g Pilze
1 EL Olivenöl

Das Fleisch in 1 cm dicke Scheiben schneiden. In einer Pfanne
das Öl und das Schmalz zusammen erhitzen. Die Fleisch-
scheiben im Mehl wälzen, von beiden Seiten anbraten und
herausnehmen. Das Öl in einen Schmortopf geben, erhitzen
und die fein geschnittene Möhre, die gehackte Zwiebel und
das Lorbeerblatt dünsten. Nachdem die Zwiebel Farbe angenommen hat, die gehackten Tomaten hinzufügen. Diesen
Sofrito 10 Minuten köcheln lassen, salzen, pfeffern, die Nelken,
den Weinbrand, das Fleisch und soviel Wasser hineingeben,
daß alles bedeckt ist. Zugedeckt schmoren lassen, bis das
Fleisch zart ist.
In der Zwischenzeit die Pilze putzen, in Scheiben schneiden
und in sehr heißem Öl kurz braten. Wenn das Fleisch gar ist,
die Pilze unterheben und noch fünf Minuten zusammen
schmoren lassen.

Filete de ternera con salsa de granada o maracuya
Rinderfilet mit Granatapfel- oder Maracujasauce

500 g Rinder- oder Kalbsfilet
1 Zwiebel
1 reife Tomate
1 Granatapfel oder Maracuja
50 g Schweineschmalz
½ Tasse Rinderbrühe
Salz
Pfeffer

Das Schmalz in einem schweren Schmortopf erhitzen
und das Filetstück von allen Seiten anbraten. Das Fleisch
herausnehmen, salzen, pfeffern und zur Seite stellen. Im
gleichen Fett die feingehackte Zwiebel braten. Sobald sie
Farbe annimmt, die geschälte, entkernte und gehackte
Tomate hinzufügen und unter Rühren 5 Minuten köcheln.
Den Granatapfel oder die Maracuja aufschneiden und das
Fruchtfleisch aus den Kapseln lösen. Das Fleisch und die
Samen in den Schmortopf legen, mit der Brühe aufgießen
und bedeckt bei kleiner Flamme 60 Minuten schmoren
lassen. Das Fleisch in Scheiben schneiden. Die Sauce
unbedeckt noch etwas reduzieren, mit Salz und Pfeffer
abschmecken und über das Fleisch gießen.

Hígado de cordero o pollo
Lamm- oder Hähnchenleber

300 g Leber
1 Glas Sherry
2 EL Olivenöl
50 g Butter
2 Zwiebeln
Salz

Die Leber mit einem sehr scharfen Messer in hauchdünne
Streifen schneiden. In einer Glasschüssel mit Deckel mit
dem Sherry verrühren und eine Stunde in den Kühlschrank
stellen. In einer schweren Pfanne die Butter und das Olivenöl
erhitzen und die in Ringe geschnittenen Zwiebeln unter gelegentlichem Rühren goldbraun braten. Die abgetropften und mit
Küchenkrepp trockengetupften Leberscheiben im sehr heißen
Fett zusammen mit den Zwiebeln wenige Sekunden wenden
und sofort auf vorgewärmten Tellern servieren.

Mollejas a la gitanilla
Kalbsbrieschen auf Zigeunerart

2 Kalbsbrieschen
Olivenöl
Salz
Oregano
Petersilie, gehackt
kleine Speckscheiben
Schmalz
Salatblätter

Das Bries zwei Stunden wässern und kurz überbrühen. Alle
knorpeligen Stellen entfernen. Damit es zarter wird, beschwert
man es beim Abkühlen unter einem Brettchen mit einem Ge-
wicht. In Würfel schneiden, mit Öl einstreichen und mit den
Gewürzen bestreuen. Abwechselnd Bries- und Speckstücke auf
Spieße stecken. Mit Schmalz oder nochmals mit Öl einpinseln
und etwa 10 Minuten braten oder grillen. Auf Salatblatt
servieren.

Kalbsbries oder Kalbsmilch ist die in der Brusthöhle des
Kalbes sitzende Thymusdrüse. Sie ist etwa 300 g schwer
und regelt das Wachstum des jungen Tieres.

Morcilla frita
Gebratene Blutwurst

300 g spanische Blutwurst
1 große Zwiebel
gemahlener Kumin
Olivenöl
Pfeffer
Zahnstocher
Weißbrotscheiben

Die Zwiebel in Ringe, die geschälte Blutwurst in dicke
Scheiben schneiden. Das Öl in einer Pfanne erhitzen, die
Zwiebelringe anbraten, dann die Wurstscheiben und den
Kumin hinzufügen. Die Pfanne abdecken oder zumindest
ein Fettspritzsieb benutzen, da die Wurststücke hochspringen
und stark spritzen. Vom Herd nehmen und wenden, dann die
andere Seite braten. Die Wurstscheiben und einige Zwiebelringe mit den Zahnstochern auf getoastete Weißbrotscheiben
stecken, mit frisch gemahlenem schwarzen Pfeffer bestreuen
und heiß servieren.

Pato con salsa de pasas
Entenfleisch mit Rosinensauce

1 Ente
200 g Rosinen oder Korinthen
50 g Butter
2 Zwiebeln
2 Äpfel
1 Glas Málaga-Wein
Salz
Pfeffer
1 Prise Zimt
Zitronensaft

Die Ente in Stücke zerteilen, mit etwas Butter einpinseln und in einer großen Kasserolle mit den feingehackten Zwiebeln im Backofen bei mittlerer Hitze etwa 45 Minuten knusprig backen. Das Fleisch herausnehmen und warmstellen. Das Entenschmalz bis auf etwa 4 EL abschöpfen. Mit dem Wein den Bratenfond ablöschen, die Rosinen und die geriebenen Äpfel einrühren. Auf kleiner Flamme reduzieren, mit Salz, Pfeffer, Zitronensaft und einer Prise Zimt abschmecken und mit den Ententeilen servieren.
Anstelle der Rosinen können auch Weintrauben verwendet werden.

Pinchos morunos
Maurische Spieße

500 g Lammfleisch (Filet oder Herz und Niere)
1 Glas trockener Sherry
1 Zitrone
1 Tasse Olivenöl
3 Knoblauchzehen
1 Lorbeerblatt
1 EL gemahlener Koriander
1 TL Kurkuma (Gelbwurz)
1 TL gemahlener Ingwer
1 EL Kumin (ganz)
1 TL Paprikapulver (scharf)
Salz, Pfeffer

Das Lammfleisch in 3 cm große Würfel schneiden. Bei Herz und Nieren Fett und Adern entfernen. Filet, Herz und Niere können auch zusammen verwendet werden. Alle Zutaten in einer Glasschüssel mit Deckel 24 Stunden im Kühlschrank marinieren lassen. Gelegentlich wenden.
Die Fleischstücke herausnehmen und auf Spieße stecken. Über dem vorbereiteten Grill 5-10 Minuten grillen. Dabei mehrmals mit der Marinade übergießen.

Pollo al ajillo
Hähnchen mit Knoblauch

1 Hähnchen
¼ l Olivenöl
2 EL Mehl
Salz
Pfeffer
10 Knoblauchzehen
1 Wasserglas trockenen Sherry

Das Hähnchen in kleine Stücke teilen, salzen und in Mehl
wälzen. Das Olivenöl in einem schweren Schmortopf erhitzen
und die Geflügelteile von allen Seiten goldbraun anbraten.
Gegen Ende der Bratzeit die feingeschnittenen Knoblauchscheiben mitbraten. Den Bratenfond mit dem Sherry lösen.
Mit Salz und Pfeffer abschmecken. Bei kleiner Hitze abgedeckt
ca. 30 Minuten schmoren lassen, bis das Fleisch gar und die
Flüssigkeit verdampft ist.

Pollo con gambas y almejas
Hähnchen mit Garnelen und Muscheln

1 Hähnchen
300 g Garnelen
300 g Venusmuscheln
2 reife Tomaten
2 Zwiebeln
4 Knoblauchzehen
100 g Mandeln
2 Glas Weißwein
½ Tasse Olivenöl
1 Scheibe Zwieback
5 Safranfäden
Salz, Pfeffer
1 Lorbeerblatt, Thymian
Fenchelkraut
Petersilie

Das Hähnchen säubern und in Stücke teilen. In etwas Öl auf starkem Feuer von allen Seiten goldbraun anbraten. In einem anderen Topf mit dem restlichen Öl die kleingehackte Zwiebel, die gehackten Tomaten und die Kräuter dünsten und die Hähnchenteile beigeben. Den Bratensatz des Hähnchens mit dem Wein lösen und darin die Gambas und die Muscheln 5 Minuten ziehen lassen. Zum Hähnchen geben und auf kleiner Flamme 30 Minuten köcheln.
Die geschälten Mandeln, den geriebenen Zwieback und den geschnittenen Knoblauch in wenig Fett anbraten und zusammen mit dem Safran im Mörser mahlen. Die Paste zum Hähnchen geben, vorsichtig umrühren und weitere 10 Minuten kochen.
Die Hähnchenteile auf eine vorgewärmte Platte legen, die Sauce ohne Deckel noch einmal unter Rühren aufkochen und über das Fleisch gießen.

Rabo de toro rehogado
Geschmorter Stierschwanz

1 kg Stierschwanz (oder Ochsenschwanz)
1 Tasse Olivenöl
4 Zwiebeln
4 Möhren
3 Lorbeerblätter
10 Knoblauchzehen
1 Glas Weinbrand
½ l Rotwein
200 g Erbsen
200 g Artischockenherzen
4 Tomaten
Salz
Pfeffer
Petersilie

In einem Schmortopf das Olivenöl erhitzen. Den in Scheiben geschnittenen Stierschwanz, die grob geschnittenen Zwiebeln und Möhren darin braten. Die Knoblauchzehen und die Lorbeerblätter hineingeben und kurz mitbraten. Mit dem Weinbrand flambieren. Den Rotwein, die Erbsen, die Artischocken und die kleingehackten Tomaten hinzugeben, salzen, pfeffern und zugedeckt ca. eine Stunde schmoren lassen. Bei Bedarf etwas Wasser zugeben. Sobald das Fleisch gar und die Sauce dickflüssig geworden ist, mit gehackter Petersilie bestreuen und servieren.

Für dieses Rezept eignen sich auch Beinscheiben vom Rind.

Riñones al Jerez
Nieren in Sherry

500 g Lammnieren
2 EL Weinessig
1 Tasse Wasser
6 EL Olivenöl
1 Zwiebel
½ TL Paprikapulver (süß)
1 Glas Sherry
Petersilie
Salz
Pfeffer

Die Lammnieren in Scheiben schneiden, Fett und Sehnen
entfernen. In einer Schüssel mit Wasser und Essig 2 Stunden
stehen lassen und danach gut abspülen. In einer großen Pfanne
das Olivenöl erhitzen. Die fein gehackte Zwiebel und den
gepreßten Knoblauch anschwitzen, die abgetropften Nierenscheiben anbraten und mit dem Paprikapulver würzen. Den
Sherry, die Petersilie, Salz und Pfeffer hinzugeben und bei
kleiner Hitze ca. 30 Minuten köcheln lassen. Bei Bedarf etwas
Wasser zugeben. Wenn die Nieren gar sind und die Sauce
dickflüssig geworden ist, sofort servieren.
Eine andere Möglichkeit ist es, hauchdünne Nierenscheiben
über Nacht in Sherry einzulegen, sie danach abtropfen zu lassen
und in sehr heißer Butter nur wenige Sekunden lang unter
ständigem Rühren zu braten.

Lomo en manteca colorá
Schweinelende in Schmalz

500 g Schweinelende (Filet)
5 Knoblauchzehen
1 Lorbeerblatt
Oregano
Pfeffer
Salz
2 Chorizos (Paprikawürste)
1 TL Paprikapulver
50 g Schweineschmalz

Die Lende in kleine Würfel schneiden. In einem Schmortopf
mit dem Knoblauch, dem Lorbeerblatt, dem Oregano, Salz und
etwas Wasser etwa 20 Minuten köcheln lassen. Die in Scheiben
geschnittenen Chorizos, das Paprikapulver und das Schweineschmalz hinzugeben und weiterschmoren, bis das Fleisch zart
und das Wasser verkocht ist. Im verbleibenden Schmalz noch
kurz anbräunen und servieren.

FISCHGERICHTE

Atún y aceitunas
Thunfisch mit Oliven

500 g Thunfischfilet (oder Schwertfisch)
1 EL Weinessig
2 Zwiebeln
1 rote Paprikaschote
½ Paprikapulver (süß)
1 Lorbeerblatt
6 Salbeiblätter
1 Zitrone
1 Glas trockenen Weißwein
Salz
Pfeffer
Petersilie
100 g Oliven
½ Tasse Olivenöl

Den Fisch in 2 cm dicke Scheiben schneiden und eine Stunde mit Wasser bedeckt stehen lassen, um das Blut herauszuspülen. In wenig Wasser mit dem Essig auf kleiner Flamme 30 Minuten garziehen. Abtropfen lassen.
In einem Schmortopf das Olivenöl erhitzen. Die Zwiebeln und die Paprikaschote kleinhacken und anbraten. Die gehackte Tomate, die Oliven, das Lorbeerblatt, den Salbei, das Paprikapulver, den Saft der Zitrone und den Weißwein hineingeben. Unter gelegentlichem Wenden 10 Minuten köcheln lassen, salzen, pfeffern, den Fisch in *tapa*-große Portionen teilen und mit etwas Sauce und gehackter Petersilie servieren.

Anchoas en salmuera
Eingelegte Sardellen

1 kg frische Sardellen (boquerones)
500 g grobes Meersalz
1-Liter-Glasbehälter mit Deckel

Nur absolut frische und feste Sardellen verwenden. Große
Exemplare erleichtern die ohnehin langwierige Arbeit.
Die Köpfe, Eingeweide und die Hauptgräte entfernen. Die
Filets trennen, Rückstände der Flossen entfernen und waschen.
Abwechselnd je eine Schicht Sardellen und Salz in das Glas
schichten. Es bildet sich eine Salzlake, die die Fische vollstän-
dig bedecken muß. Bildet sich zu wenig Lake, weiteres Salz
zugeben. Nach mehreren Monaten nehmen die Filets durch die
Fermentierung im Salz die typische Farbe und das Aroma der
Anchovis an. Am besten ist der Geschmack nach etwa einem
Jahr, sie halten sich aber auch länger. Eventuell sich bildender
Schimmel auf der Oberfläche ist harmlos und kann entfernt
werden. Vor dem Genuß als Tapas oder in der Küche müssen
die Sardellenfilet unbedingt kurz abgespült werden, um den
Salzgehalt zu verringern.

Boquerones fritos
Gebratene Sardellen

500 g frische Sardellen
1 Tasse Olivenöl
Mehl
Salz
Pfeffer
Zitrone

Köpfe und Eingeweide der Sardellen entfernen, die Fische
waschen und mit Küchenkrepp etwas abtupfen. Salzen und
pfeffern, etwas liegen lassen, in Mehl wälzen und das überschüssige Mehl in einem Sieb abschütteln. Das Olivenöl in
einer großen Pfanne erhitzen. Wenn es zu rauchen beginnt,
die Sardellen hineingeben, jedoch nur soviele, wie nebeneinander Platz haben. Auf der einen Seite goldbraun braten,
dann wenden. Nachdem beide Seiten gebraten sind, mit dem
Schaumlöffel herausheben, kurz auf Küchenkrepp legen und
dann mit Zitronenvierteln servieren.

Boquerones en vinagre
Sardellen in Essig

500 g frische Sardellen
2 Tassen Weinessig
1 Tasse feinstes Olivenöl
2 Knoblauchzehen
Petersilie

Köpfe, Eingeweide und Hauptgräten entfernen, die beiden
Filets trennen und waschen. Mit Küchenkrepp trocknen. In
ein verschließbares Gefäß einlegen und mit Essig auffüllen,
bis die Filets bedeckt sind. Verwendet man den kräftigen
Sherry-Essig oder den roten Málaga-Essig, genügt die halbe
Menge, aufgefüllt mit Wasser. Ab und zu bewegen und 24
Stunden marinieren lassen. Die Filets gut abtropfen lassen,
den in hauchdünne Scheibchen geschnittenen Knoblauch in
das Olivenöl einlegen, die feingehackte Petersilie und etwas
Salz hinzugeben und weitere zwei Stunden in den Kühlschrank
stellen. Mit Zahnstochern und getoasteten Brotscheiben
servieren.

Boquerones rellenos
Gefüllte Sardellen

500 g frische Sardellen
pro Fisch ein eingelegtes Sardellenfilet
Mehl
1 Ei
2 Scheiben Zwieback
Olivenöl
Zitrone

Die Sardellen säubern, Köpfe, Gräten und Eingeweide entfernen. Die Fische vorsichtig aufklappen, ohne die Filets voneinander zu trennen. In jede Sardelle ein gewässertes Anchovis-Filet einlegen und wieder zuklappen. In Mehl, geschlagenem Ei und zerstoßenem Zwieback wenden und im sehr heißen Olivenöl goldgelb fritieren. Oder einfach in Mehl wenden und dann fritieren. Kurz auf Küchenkrepp abtropfen und mit Zitronenspalten servieren.

Besugo al limón
Brassen in Zitronensauce

2 Brassen (je 200 g)
3 EL Olivenöl
1 rote Pfefferschote
1 Zwiebel
1 Tomate
Petersilie
1 Möhre
1 Knoblauchzehe
Salz
Pfeffer
2 Zitronen

Den Fisch schuppen und ausnehmen. Seitlich mehrmals leicht einschneiden. In einer Pfanne den Fisch mit Wasser bedeckt und gesalzen auf sehr kleiner Flamme etwa sieben Minuten garziehen lassen und vom Feuer nehmen.
Inzwischen in einer anderen Pfanne das Öl erhitzen, alles Gemüse feinhacken und daraus einen Sofrito zubereiten, d.h. ein geschmortes Tomaten- und Gemüsegemisch. Die Zutaten im heißen Öl so lange rühren, bis sie gar sind. Den Knoblauch allerdings später hinzufügen, da er schnell verbrennt. Den Sofrito mit dem Saft einer Zitrone im Mörser oder im Mixer weiter zerkleinern und noch einmal zwei Minuten in der Pfanne wenden. Mit Pfeffer und Salz abschmecken.
Die Fische auf eine vorgewärmte Platte legen, die Sauce darübergießen und heiß servieren.

Caballa en escabeche
Eingelegte Makrelen

2 frische Makrelen
2 Knoblauchzehen
¼ l Sherryessig
¼ l Wasser
1 rote Paprikaschote, in Streifen geschnitten
1 kleine Zwiebel, in Ringe geschnitten
1 Lorbeerblatt
1 TL Origano
½ TL Salz
Pfeffer
4 EL Mehl
5 EL Olivenöl
1 Zitrone

Die Makrelen ausnehmen, waschen und in etwa 6 cm lange
Stücke schneiden. Kopf, Schwanz und Flossen entfernen.
In einer Glasschüssel mit Deckel zusammen mit Essig, Wasser, Paprikaschote, Zwiebel, Lorbeerblatt, Origano, Salz und
Pfeffer 24 Stunden abgedeckt marinieren, gelegentlich umrühren. Die Fischstücke abtropfen lassen, mit Küchenkrepp
trockentupfen, im Mehl wälzen und im heißen Olivenöl
goldbraun braten. Mit Zitronenscheiben servieren.

Foto: Venusmuscheln in Sherry (S. 118)
Garnelen in Knoblauch (S. 121)
Gegrillte Riesengarnelen (S. 122)

Calamares en su tinta
Tintenfische in der eigenen Tinte

500 g kleine Tintenfische (mit Tintenbeutel)
5 Zwiebeln
4 Knoblauchzehen
2 Tomaten
1 Glas trockenen Sherry
1 Scheibe Zwieback
Salz
Pfeffer
Petersilie
6 EL Olivenöl

Die Tintenfische zerlegen, die Innereien, die Mundwerkzeuge und das Knorpelblatt herausnehmen. Die Tintenbeutel beiseite stellen. Das Fleisch gründlich waschen und in 2 cm große Stücke schneiden.
In einem Schmortopf das Öl erhitzen. Die sehr fein geschnittene Zwiebel langsam darin dünsten. Die Tintenfischstücke hineingeben und unter gelegentlichem Rühren 10 Minuten schmoren. Die Tintenbeutel im Mörser vorsichtig mit der gehackten Petersilie und dem geriebenen Zwieback zusammen verrühren. Die gepreßten Knoblauchzehen, die geschnittenen Tomaten, die Tintenmischung und den Sherry in den Schmortopf rühren und weitere 10 Minuten köcheln lassen. Mit Pfeffer und Salz abschmecken und servieren.

Foto: Oliven, Mandeln, eingelegte Sardellen (S. 95)

Calamares fritos
Gebratene Tintenfische

500 g frische Tintenfische
Mehl
Salz
Olivenöl
Zitrone

Die gesäuberten und zerlegten Tintenfische in 3 cm große
Stücke zerteilen, im etwas gesalzenen Mehl wälzen und im
sehr heißen Olivenöl je nach Geschmack hell bis goldbraun
braten. Sofort mit Zitronenvierteln servieren.

Chanquetes

500 g chanquetes
100 g Mehl
Olivenöl der besten Sorte
Zitronenviertel

Chanquetes müssen ganz frisch gegessen werden. Die Fischchen gut abtropfen, in kleinen Portionen in leicht gesalzenem Mehl wälzen und in einem feinen Mehlsieb sorgfältig das überschüssige Mehl abschütteln, das sonst den Geschmack beeinträchtigt. Das Öl erhitzen. Sobald es zu rauchen beginnt, die Fische hineingeben. Nicht zu viele auf einmal braten, damit sie nicht zusammenkleben. Je nach Geschmack leicht gelb bis goldbraun fritieren. Mit einem Schaumlöffel herausheben und heiß servieren.

Der wohl umstrittenste Fisch in Spanien. Seine Ähnlichkeit mit der Brut der Sardellen ruft die Tierschützer auf den Plan. Nach ihrer Meinung wird in der Bucht von Málaga mit immer engmaschigeren Netzen Fischbrut gefangen. Die *chanquetes* jedoch gehören zur Familie der *góbidos*, der Grundeln. Sie werden nicht größer als 6 cm, eine Art, der *gobio cristal* gar nur 4 cm und leben etwa ein Jahr. Sie werden in ausgewachsenem Zustand gefangen, und das schon seit Jahrtausenden. Fang und Verkauf der *chanquetes* sind inzwischen verboten, wozu auch deutsche Bewohner der Küste mit ihrem Eifer für alles, was Spanien betrifft, vehement beigetragen haben. Somit ist eines der köstlichsten Gerichte von der regionalen Speisekarte verschwunden. Man sagt, der Meeresschaum, *espuma de mar*, wie die *chanquetes* poetisch genannt werden, sei der Gastmäler Jupiters würdig. Doch Málaga liegt in Andalusien, und so geht der Verkauf natürlich weiter - unter dem Ladentisch.

Fritura Malagueña
Fischplatte aus Málaga

250 g frische Sardellen
250 g Chanquetes
250 g kleine Rotbarben (salmonetes)
250 g kleine Tintenfische oder Sepia
2 Tassen Olivenöl
200 g Mehl
Salz
1 Bund Petersilie
2 Zitronen

Die Auswahl und die Menge der Fische kann etwas variieren, je nach Angebot. Die Sardellen und Rotbarben waschen und ausnehmen. Die Chanquetes abspülen und gut abtropfen lassen. Kleine Tintenfische und Sepia ganz lassen, größere ausnehmen und in 3 cm große Stücke schneiden. Salzen und in Mehl wälzen. Überschüssiges Mehl in einem Sieb abschütteln.
Das Olivenöl in einer großen Pfanne erhitzen. Sobald es zu rauchen beginnt, die einzelnen Fischsorten nacheinander goldbraun braten. Die Fische brauchen nebeneinander Platz, also nicht zu viele auf einmal braten. Auf Küchenkrepp kurz das überschüssige Fett aufsaugen und die Fische auf eine vorgewärmte Platte legen. Zum Schluß die Petersilie kross braten und in die Mitte der Platte legen. Mit Zitronenspalten servieren.

In Restaurants wird dieses Rezept auch als *pescaitos fritos* angeboten.

Pez espada gratinado
Gratinierter Schwertfisch

500 g Schwertfisch in 1 cm dicken Scheiben
3 Sardellenfilets
1 Lorbeerblatt
2 EL gehackte Petersilie
1 Zwiebel
Rosmarin
2 Knoblauchzehen
1 Zitrone
8 EL Olivenöl
2 Scheiben Zwieback
Pfeffer
Salz

Die Schwertfischscheiben (ersatzweise Thunfisch) waschen und
mit Küchenkrepp abtrocknen. Eine flache Backform mit 2 EL
Öl einstreichen und den Fisch nebeneinander darauflegen. Die
Sardellenfilets abspülen. Sardellen, Lorbeerblatt, Petersilie,
Zwiebel, Rosmarin und Knoblauch fein hacken. Mit dem Saft
der Zitrone und dem restlichen Öl verrühren. Diese Paste auf
die Fischscheiben streichen, den im Mörser fein zerstampften
Zwieback darüberstreuen, salzen, pfeffern und im vorgeheizten
Backofen bei großer Hitze 30 Minuten backen. In kleine Por-
tionen teilen und heiß servieren.

Pez espada a la plancha
Gegrillter Schwertfisch

400 g Schwertfisch
3 EL Olivenöl
1 Knoblauchzehe
Salz
Pfeffer
2 Zitronen
Petersilie

Den Fisch in 1 cm dicke Scheiben schneiden. In einer Pfanne das Olivenöl erhitzen und die ganze Knoblauchzehe kurz darin braten. Die Petersilie hacken und im heißen Öl kross rösten. Herausnehmen und zur Seite stellen. Die Schwertfischscheiben mit Pfeffer und Salz würzen und in dem Öl mit etwas Zitronensaft ½ Stunde marinieren. Auf den vorgeheizten Grill oder die Plancha (Grillpfanne) legen und von beiden Seiten goldgelb grillen. In kleine Stücke teilen und mit Zitronenspalten und etwas gebratener Petersilie servieren.

Rape al vino blanco y naranja
Seeteufel in Weißwein und Orange

500 g Seeteufel
3 EL Olivenöl
1 Zwiebel
1 Lauchstange (nur den weißen Teil)
1 Knoblauchzehe
1 EL Mehl
1 Tasse Fischfond
1 Glas Málagawein
1 Orange
Petersilie

In einer Pfanne das Öl erhitzen. Die Zwiebel, den Lauch und den Knoblauch sehr fein hacken und anbraten. Das Mehl einrühren, den Fischfond, den Wein und den Saft der Orange hinzugeben. Auf kleiner Flamme etwas reduzieren lassen. Den Fisch in Scheiben schneiden, salzen, pfeffern und in der Sauce ca. 20 Minuten köcheln. Zwischendurch einmal wenden. Die Seeteufelscheiben herausnehmen, auf eine vorgewärmte Platte legen und die Sauce durch ein Sieb darüber passieren. Mit Orangenscheiben servieren.

Rape al azafrán
Seeteufel mit Safran

500 g Seeteufel
10 Safranfäden
1 Glas trockenen Weißwein
50 g Butter
1 Zwiebel
3 Knoblauchzehen
4 EL Mehl
Schale einer Zitrone
100 g Mandeln
Salz
Pfeffer
Paprikapulver
Petersilie

Den Safran im Mörser fein zerbröseln und im Weißwein einweichen. Den Seeteufel in 1 cm dicke Scheiben schneiden. In
einer Pfanne die Butter erhitzen. Die Seeteufelscheiben in Mehl
wälzen und von beiden Seiten kurz anbraten. Herausnehmen
und zur Seite stellen. Die blanchierten und geschälten Mandeln,
die feingehackte Zwiebel und den gepreßten Knoblauch in der
Butter rösten. Die Zitronenschale, das Paprikapulver, Salz,
Pfeffer und den Wein mit dem Safran beigeben. Den Fisch
wieder in die Pfanne legen und köcheln, bis die Flüssigkeit
reduziert ist. Auf vorgewärmten Tellern mit Petersilie
servieren.

Rape mozárabe
Seeteufel mozarabisch

500 g Seeteufel
2 EL Olivenöl
100 g Möhren
100 g Frühlingszwiebeln
2 Knoblauchzehen
1 Prise Kumin
50 g Butter
2 EL Mehl
50 g Korinthen
1 Gläschen Weinbrand
2 Tassen Fischfond
Pfeffer
Salz

Die Korinthen im Weinbrand einweichen. In einem Schmortopf
das Olivenöl erhitzen. Die feingehackten Möhren, die Frühlingszwiebeln, den Kumin und die Knoblauchzehen dünsten.
Den Seeteufel in Scheiben schneiden und in Mehl wälzen. In
einer Pfanne die Butter erhitzen und die Fischscheiben von
beiden Seiten braten. Weinbrand, Korinthen und Fischfond in
den Schmortopf geben und köcheln, bis eine dickflüssige Sauce
entsteht. Vorsichtig den Fisch unterheben und weitere 10
Minuten bei kleiner Flamme schmoren.

Sardinas al espeto
Sardinen am Spieß

500 g fangfrische Sardinen
Salz

Viele Strandlokale bieten direkt vor der Tür gegrillte Sardinen
an. Sie werden auf Schilfrohr gesteckt, das der Länge nach ge-
spalten und an einer Seite angespitzt ist. Man bestellt sie als
einen Gang beim Essen oder als Tapa.
Hier die Zubereitungsart:
Die Sardinen waschen und, ohne sie auszunehmen, auf 30 cm
lange Schilfspieße stecken. Die Spieße müssen genau durch
die Rückengräte gesteckt werden, etwa 5 Sardinen pro Spieß.
Das stumpfe Ende neben einem Holzkohlefeuer in den Sand
stecken, so daß die Fische schräg über der heißen Holzkohle
gegrillt werden. Ist die eine Seite gar, werden sie gewendet
und von der anderen Seite gegrillt. Mit dem Spieß servieren.

Sardinas en escabeche
Marinierte Sardinen

20 kleine Sardinen
1 Tasse Olivenöl
50 g Mehl
1 Knoblauchzehe
3 Safranfäden
½ TL gemahlener Ingwer
Salz
Pfeffer
1 Zitrone
2 Lorbeerblätter

Die Sardinen waschen, ausnehmen und die Schuppen entfernen. In Mehl wälzen. In einer großen Pfanne die Hälfte des Olivenöls erhitzen. Sobald es zu rauchen beginnt, die Fische von beiden Seiten goldgelb anbraten. Herausnehmen und in eine flache Schüssel legen. Das restliche Öl, den gepreßten Knoblauch, den zerriebenen Safran, den Ingwer, Salz, Pfeffer und den Saft einer halben Zitrone verrühren und über die Fische gießen. Zitronenscheiben und Lorbeerblätter obenauf legen und über Nacht zugedeckt im Kühlschrank stehen lassen. Mehrmals wenden. Kalt servieren.

Sardinas sorpresa
Sardinen mit würziger Füllung

500 g Sardinen
3 Knoblauchzehen
3 Sardellenfilets, abgespült
1 kleine Pfefferschote
Petersilie
4 EL Mehl
6 EL Olivenöl
Zitrone

Die Sardinen ausnehmen, Köpfe, Schuppen, Rückengräte und die vorderen Gräten entfernen. Auswaschen und vorsichtig aufklappen. Knoblauch, Pfefferschote, Sardellen und Petersilie hacken und im Mörser fein zerstoßen. In jede Sardine eine kleine Menge der Paste streichen und wieder zuklappen. Im Mehl wälzen und im sehr heißen Öl auf beiden Seiten goldbraun braten. Heiß servieren und mit Petersilie und Zitronenvierteln garnieren. Dazu einen trockenen Weißwein oder Sherry reichen.
Nach diesem Rezept lassen sich natürlich auch frische Sardellen und andere kleine Fische füllen.

Soldaditos de Pavía
Ausgebackener Stockfisch

500 g Stockfisch
1 Zitrone
Salz
3 EL Mehl
1 Ei
2 EL Milch
¼ l Olivenöl
1 Bund Petersilie

Den Stockfisch 24 Stunden in Wasser legen, dabei etwa 4 mal
das Wasser wechseln. Den Fisch abtropfen lassen, in längliche
Stücke schneiden. Dabei Gräten, Flossen und Haut entfernen.
Mit Zitronensaft besprenkeln und 30 Minuten stehen lassen.
Mit Küchenkrepp trockentupfen, im Mehl wälzen, in die
Mischung aus Milch und geschlagenem Ei eintunken und im
sehr heißen Olivenöl goldgelb ausbacken. Die Petersilie fein
hacken, im heißen Öl kross braten, mit dem Schaumlöffel auf
Küchenkrepp legen und dann über die Fischstücke streuen.
Mit Zitronenspalten servieren.

Trucha con almendras y romero
Forelle mit Mandeln und Rosmarin

2 Forellen
1 EL Olivenöl
40 g Butter
20 Mandeln
2 Knoblauchzehen
2 EL Rosmarin
1 Zitrone
Salz, Pfeffer

Die ausgenommenen Forellen waschen und gut trocknen. In einer Pfanne die Butter und das Öl erhitzen und die Forellen von jeder Seite etwa 10 Minuten braten. Ganz zum Schluß den fein zerkleinerten Rosmarin, den zerdrückten Knoblauch und die Mandeln hinzugeben und unter ständigem Rühren anbraten. Die Forellen vorsichtig filetieren. Je eine halbe Forelle mit einigen Mandeln und einem Zitronenviertel servieren.

SCHALENTIERE

Almejas en Jerez
Venusmuscheln in Sherry

500 g Venusmuscheln
2 EL Olivenöl
1 Zwiebel
1 Knoblauchzehe
1 Tomate
4 Fäden Safran
1 Glas Sherry
1 EL gehackte Petersilie
Salz
Pfeffer

Die Muscheln zwei Stunden in kaltem Wasser stehen lassen;
sie entfernen selbst den eventuell in der Schale verbliebenen
Sand. Den Safran in etwas Wasser einweichen. In einem großen
Topf das Öl erhitzen, die gehackte Zwiebel, die gepreßte Knoblauchzehe, die kleingeschnittene Tomate und die Petersilie anbraten. Den Sherry und den Safran hinzufügen, salzen, pfeffern,
die Muscheln hineingeben (offene oder zerbrochene Muscheln
wegwerfen) und bedeckt etwa fünf Minuten in diesem Sud
köcheln lassen. Gelegentlich wenden. Haben sich die Muscheln
geöffnet, den Topf vom Feuer nehmen. Alle entfernen, die sich
nicht geöffnet haben; sie könnten verdorben sein. Heiß in
kleinen Schälchen mit etwas vom Sud und getoasteten
Brotscheiben servieren.

Caracoles
Schnecken

500 g Schnecken
1 Lorbeerblatt
6 EL Olivenöl
50 g Schinkenspeck
50 g Chorizo (Paprikawurst)
2 Zwiebeln
2 Tomaten
3 Knoblauchzehen
1 scharfe Chilischote
1 Glas trockenen Weißwein
Pfeffer
Salz
Petersilie

Die Schnecken gut waschen, das Wasser mehrmals erneuern, etwas Salz oder Essig ins Wasser geben, um den Schleim zu lösen. In frischem Wasser mit dem Lorbeerblatt und etwas Salz etwa 15 Minuten auf kleiner Flamme kochen. Abtropfen lassen. In einem Schmortopf das Olivenöl erhitzen und die gehackten Zwiebeln, Knoblauchzehen, Chilis, Chorizos und den feingeschnittenen Schinkenspeck goldgelb anbraten. Die geschälten und gehackten Tomaten und den Wein einrühren. Pfeffern, salzen, die Schnecken unterheben und etwa 20 Minuten bedeckt köcheln lassen.

Ensalada de mariscos
Meeresfrüchtesalat

300 g kleine Tintenfische (calamares oder chopitos)
200 g Miesmuscheln
200 g Schwertmuscheln (Messerscheide)
200 g Venusmuscheln
400 g Garnelen oder Langostinos
1 Orange
1 Knoblauchzehe
1 Zitrone
4 EL Petersilie
Salz
Pfeffer
6 EL Öl

Die Tintenfische säubern, Innereien und Mundknorpel entfernen und 6 Minuten in Salzwasser kochen. Abtropfen lassen. Die Muscheln waschen und in kochendem Wasser 5 Minuten garziehen. Vor dem Kochen müssen alle Muscheln geschlossen sein, beim Kochen müssen sie sich öffnen. Muscheln, bei denen das nicht der Fall ist, können verdorben sein und werden zur Sicherheit entfernt. Das Muschelfleisch herauslösen und abtropfen lassen. Die Garnelen in etwas Salzwasser 5 Minuten garziehen, schälen und abtropfen lassen.
Eine Salatschüssel mit Knoblauch ausreiben. Mit Zitrone (oder Essig), Öl, Salz, Pfeffer und reichlich Petersilie eine Vinaigrette anrühren und mit den Meeresfrüchten vermengen. Mit Orangenscheiben und geröstetem Brot servieren.

Gambas al ajillo
Garnelen in Knoblauchöl

200 g geschälte Garnelenschwänze
1 Tasse Olivenöl
2 Knoblauchzehen
1 Prise Cayennepfeffer
Salz

Die Gambas waschen und mit Küchenkrepp trocknen. In einer Tonschale das Öl im Backofen erhitzen. Sobald das Öl siedend heiß ist, die in hauchdünne Scheiben geschnittenen Knoblauchzehen hineingeben und eine Minute bräunen. Die Form herausnehmen, die Garnelen, etwas Salz und den Cayennepfeffer ins siedende Öl geben und abgedeckt etwa 4 Minuten stehen lassen, dann mit Brot servieren.

Langostinos a la plancha
Gegrillte Riesengarnelen

500 g ganze Tiefseegarnelen
100 g grobes Meersalz
6 EL Olivenöl
2 Zitronen

Die Garnelen waschen und mit Küchenkrepp abtupfen. In einer
Schüssel mit dem Salz und dem Öl wenden. Die *plancha*, ein
Zwischending zwischen Pfanne und Grill, erhitzen und die Garnelen nebeneinander darauflegen. Von beiden Seiten etwa fünf
Minuten grillen, bis die Langostinos eine rosarote Farbe angenommen haben. Mit Brot und Zitrone servieren. Dieses Gericht
eignet sich auch gut für ein Picknick im Freien.

Langostinos al vino blanco
Riesengarnelen in Weißwein

500 g Langostinos
3 EL Olivenöl
1 Zwiebel
4 Knoblauchzehen
1 Glas trockenen Weißwein
Petersilie
Pfeffer
Salz

Das Öl in einem Tongefäß erhitzen. Die feingehackte Zwiebel braten, bis sie Farbe annimmt. Zusammen mit der gehackten Petersilie weiterbraten. Sobald die Zwiebeln goldbraun sind, die Garnelen hinzufügen und schmoren, bis diese gar sind. Sie haben dann eine rosarote Farbe. Die Knoblauchzehen pressen und zusammen mit dem Weißwein in die Schale schütten. Gut mischen, salzen und pfeffern. In der heißen Tonschale servieren.

Mejillones rellenos
Gefüllte Miesmuscheln

1 kg Miesmuscheln
½ l Weißwein
1 Zwiebel
3 Safranfäden
10 Pfefferkörner
100 g Butter
Petersilie
3 Knoblauchzehen
1 Scheibe Zwieback
Pfeffer, Salz

Die geschlossenen Muscheln abbürsten und waschen.
Muscheln, die in rohem Zustand geöffnet sind, entfernen,
sie sind verdorben. Den Weißwein, die geviertelte Zwiebel,
die Pfefferkörner und den Safran erhitzen und die Muscheln
darin bei schwacher Hitze garziehen lassen. Soviel Wasser
oder Wein hinzugeben, daß die Muscheln bedeckt sind.
Nachdem sich die Muscheln geöffnet haben, abtropfen lassen
und das Fleisch aus den Schalen lösen. Muscheln, die sich
beim Kochen nicht öffnen, entfernen.
Den geriebenen Zwieback, den gepreßten Knoblauch, die
Petersilie, die Butter, Pfeffer und Salz im Mörser oder im
Mixer zu einer glatten Paste verarbeiten. Je zwei Muscheln
in eine Schalenhälfte legen und mit der Paste bedecken. Im
vorgeheizten Backofen (220°) 10 Minuten backen und
servieren.

Mejillones en vinagreta
Miesmuscheln in Vinaigrette

1 kg Miesmuscheln
½ l Weißwein
3 Safranfäden
Pfeffer, Salz
1 kleine Zwiebel
1 kleine Tomate
1 Tasse Öl
1 TL Essig
½ TL Senf
Petersilie

Die Muscheln waschen und abbürsten. Offene Muscheln entfernen. Im Wein mit Safran, Pfeffer und Salz kochen, bis sie sich öffnen. Muscheln, die sich beim Kochen nicht öffnen, sind verdorben und müssen entfernt werden. Die Zwiebel und die geschälte Tomate fein hacken.
In einer Schüssel den Essig und den Senf vermischen und mit Pfeffer und Salz würzen. Zunächst tropfenweise Öl zugeben und mit dem Schneebesen kräftig rühren. Sehr langsam das restliche Öl einrühren, so daß eine schaumige Vinaigrette entsteht.
Alle Zutaten vorsichtig verrühren und kalt servieren.

Ensalada de centollos
Seespinnensalat

6 Seespinnen
6 EL neutrales Öl
1 Zitrone
1 Bund Petersilie
1 TL Koriandergrün (cilantro)
Pfeffer
Salz

Die Seespinnen in kochendes Wasser legen und 8 Minuten sieden. Abtropfen und abkühlen lassen. Die Panzer an der Unterseite öffnen. Das Fleisch herauslösen. Die Scheren mit der Krebszange knacken. Das Fleisch aus den Körpern und Scheren fein hacken. Aus dem Öl und dem Saft der halben Zitrone eine Sauce rühren, mit dem Krabbenfleisch, der feingehackten Petersilie und dem gehackten Koriander vermischen, mit Pfeffer und Salz abschmecken. In den leeren Krabbenpanzern servieren.

GLOSSAR

abadejo Pollack, kleiner Verwandter des Kabeljau
abeja Biene
abrasar verbrennen, versengen
abrelatas Dosenöffner
abridero Frühpfirsich
abridor Flaschenöffner
abrojín Meeresschneckenart
abrojo Sterndistel (Blätter eßbar)
abrótano Eberraute (Blätter für Salat)
absenta Wermut, Absinth
acebuchina wilde Olive
acecinar (Fleisch) lufttrocknen
acedera Sauerampfer
acederilla Sauerklee
acedía Scholle
aceitada Ölgebäck
aceite Öl
aceite de almendras Mandelöl
aceite de colza Rapsöl
aceite de gérmenes de trigo Weizenkeimöl
aceite de girasol Sonnenblumenöl
aceite de nueces Walnußöl
aceite de oliva Olivenöl
aceite puro Mischung aus jungfräulichem und raffiniertem Olivenöl
aceite refinado raffiniertes Öl
aceite vegetal Pflanzenöl
aceite virgen jungfräuliches Olivenöl, erste Pressung mit einem Säuregehalt
    bis 2 %
aceite virgen extra erste Pressung, jungfräuliches Olivenöl mit einem
    Säuregehalt unter 1 %
aceitón dickes Öl
aceitoso ölig
aceituna Olive
aceituna corval große Olivenart
aceituna de la Reina sehr große, gute Speiseolive
aceituna manzanilla kleine Olivenart
aceituna picudilla spitzige Form
aceituna tetudo "vollbusige" Olive
aceituna verdial große Olivenart bester Qualität, die bis zur Reife grün bleibt
aceituna zapatera schon angetrocknete Olive
acelga Mangold
acemite Kleienmehl
acerbo herb
achicoria (de Bruselas) Chicorée

achicharrar (zu) stark braten, rösten
achispar(se) (sich) leicht beschwipsen
achuras Innereien
ácido sauer
ácido cítrico Zitronensäure
ácido láctico Milchsäure
acídulo säuerlich
acitrón Zitronat
acocil Süßwassergarnele
aconcharillo Fleischschmortopf (altes Rezept)
aderezar zubereiten, würzen
aderezo Garnierung, Dressing
aditivos Zusatzstoffe
adobado gepökelt, mariniert, zubereitet
adobo Beize, Pökelbrühe
afrutado fruchtig (Wein)
agallas Kiemen
agarrar anhängen, anbrennen
agotado aufgebraucht, verkocht
agraz Saft der sauren Traube (arabisch: ar-hisrim, Gebrauch wie beim Essig)
agregar hinzufügen
agridulce süßsauer
agrio sauer
agua Wasser
agua mineral con gas Mineralwasser mit Kohlensäure
agua mineral sin gas stilles Mineralwasser
agua potable Trinkwasser
aguacate Avocado
aguardiente Schnaps
aguardiente de cazalla Anisschnaps aus Cazalla bei Sevilla
aguardiente de orujo Tresterschnaps
aguja Hornhecht; Bratspieß; Kalbsschulter
ahumado geräuchert
ajada Sauce aus Brot, Öl, Knoblauch und Salz
ajedrea Bohnenkraut
ajete junger Knoblauch
ajiaceite Knoblauchmayonnaise
ajilimoje, ajilimójili Pfeffertunke
ajo Knoblauch
ajo blanco (con uvas) kalte Suppe aus Olivenöl, Mandeln, Knoblauch und
    Weintrauben
ajo cabañil Sauce aus Essig, Knoblauch und Zucker
ajo colorado Kartoffelpüree mit Knoblauch und Gemüsen
ajoatao scharfe Knoblauchcreme

ajolí, ajonjolí Sesam
ajos tiernos junger Knoblauch
al ajillo mit Knoblauch
ala Flügel
alajú Lebkuchen
alargar verlängern
albacora Frühfeige oder Bonito, weißer Thunfisch
albahaca Basilikum
albardado paniert oder mit Speck umwickelt
albaricoque Aprikose
albérchigo Herzpfirsich
albóndiga (Fleisch)-Klößchen
albornia Steingutnapf
alboronía Gericht aus Auberginen, Tomaten, Kürbis
alcachofa Artischocke
alcaparra Kaper
alcaravea Kümmel
alcaucil wilde Artischocke
alcorza Zuckerguß, Zuckergebäck
alcuzcuz Kuskus
alejija gachas aus Gerstenmehl
aleta Flosse
aletas de tiburón Haifischflossen
alfajor Mandelgebäck, Lebkuchen
alfandoque Gewürzkuchen
alfeñique Zuckermandelstange
alforfón Buchweizen
alga Alge, Tang
algarroba Johannisbrot, Carob
alhale andalusisch-arabisches Gericht mit Lamm oder Ziege
alhucema Lavendel
alimentos Lebensmittel
aliñado angemacht, in Beize eingelegt
alioli Knoblauchölsauce oder Knoblauchmayonnaise
alitán großgefleckter Katzenhai
alloza grüne Mandel
almeja Venusmuschel, Teppichmuschel
almendra Mandel
almendra dulce (amarga) süße (bittere) Mandel
almendrada Mandelmilch
almendrados Mandelgebäck
almendras garapiñadas gebrannte Mandeln
almendrinos Mandelgebäck
almendruco grüne Mandel

almíbar Sirup
almidón Stärke
almirez (Metall-) Mörser
almoraduj(x) Majoran (auch: *amaraco*)
almuerzo Mittagessen
alondra Lerche
alparagate Hackbraten
alpistera Kuchen aus Mehl, Eiern und Sesam
alubia Bohne
alubia blanca weiße Bohne
alubia roja rote Bohne
alubia tierna grüne Bohne
amalgamar vermischen
amandinas längliches Mandelgebäck
amanita Blätterpilz
amapola Mohnblume
amaraco Majoran (auch: *almoraduj*)
amargaleja Schlehe
amargo bitter
amarguillo Bittermandelspeise
amarilla gelbe Pflaume
en amarillo in Safransauce
amarinar marinieren
amasar kneten
amasijo Teig
ambigú kaltes Buffet
amerengado zuckersüß
amojamar Thunfisch einsalzen
amontillado halbtrockener Sherry
anacardo Cashewnuß
añada Erntejahr
anadino kleine Ente
añal einjähriges Schaf, Ziege etc.
anavia Heidelbeere
anca de rana Froschschenkel
anchoa Sardelle
andarica Ruderschnecke
Andévalo Schafskäse aus Huelva
andorga Bauch, Pansen
andrajos Stockfisch- und Muschelgericht
añejo (ein)jährig, alt
angelote Engelhai
anguila Aal
angula Glasaal, junger Aal

anís Anis, Anisschnaps
anjova Blaufisch
apelmazar zusammendrücken, -stampfen
apetite appetitanregende Sauce
apio (en rama) (Stangen-) Sellerie
apio (rábano) (Knollen-) Sellerie
aplanar auswalzen
Aracena Ziegenkäsesorte aus Huelva
araña Petermännchen und andalus. Name für Seespinne
arándano Heidelbeere
arándano encarnado (rojo) Preiselbeere
aráquida Erdnuß
arbequina sehr gute Olivensorte
arenque Hering
aros Ringe
arrafiz eßbare Distel
arrayán Myrte
arrollado Rollbraten
arrope Mostsirup
arroz Reis
arroz con leche Milchreis
arrugado runzelig
artal Teigtasche
artesa Backtrog
arzolla Distelsorte
asado Braten
asado en rollo Rollbraten
asador Bratspieß
asadura Innereien, besonders Leber, Herz, Lunge
asar (auf dem Rost) braten
asar a fuego lento schmoren
ascalonia Schalotte
aspic Aspik
astringente adstringierend
asurar anbrennen lassen
asustar abschrecken
atarazana Weinlager
atestar füllen, vollstopfen
atún Thunfisch
autoservicio Selbstbedienung
avellana Haselnuß, in Andalusien auch Name für Erdnuß
avena Hafer
aves Geflügel
avinado weindurchtränkt, betrunken

azafrán Safran; auch Bezeichnung für die billige, aus Eigelb hergestellte Lebensmittelfarbe, die in vielen Haushalten anstelle des Safrans benutzt wird

azahar Orangenblüte

azúcar (de caña) (Rohr-) Zucker

azúcar glas, lustre, en polvo Puderzucker

azúcar moreno brauner Zucker

baba Schleim

baboso Herzmuschelart

bacaladilla Blauer Wittling

bacalao Stockfisch, meist Kabeljau (ungesalzen)

bacalao salado Klippfisch (gesalzen)

bacoreta Falscher Thunfisch

baila Meersau (Barschart)

bajonado Brassenart

bacón (Frühstücks-) Speck

bandeja Tablett

bandeja de horno Backofensaftpfanne

banderillas Spießchen

bandujo dicke, grobe Wurst

bandullo Eingeweide, Innereien

baño maría Wasserbad

barbacoa Holzkohlengrill

barbada Butt

barbo Barbe

barón Rückenstück des Lamms mit zwei Beinen

barquillo Waffel

barquitas Pastetchen

barra Theke, Tresen

barra de pan Weißbrotstange

barrica Tonne, Faß

barril Faß

barrillete Krebsart, dessen Scheren *bocas* heißen

bartolillo (Rahm-) Pastetchen

base de tarta Tortenboden

batarde Sauce aus Mehl, Butter, Eigelb, Zitrone (zu Fisch)

batata Süßkartoffel, Batate

batiburrillo Mischmasch

batido gemischtes Getränk aus Likör, Eiweiß, Saft etc.

batir schaumig schlagen

baya Beere

bayoco unreif gebliebene Feige

beber trinken

bebida Getränk

becada (Wald-) Schnepfe
becerra junge Kuh, Kuhkalb
becerro Stierkalb
bechamel Bechamelsauce
bejel Knurrhahn
bellota Eichel
berberecho Herzmuschel
berenjena Aubergine
berro (Brunnen-) Kresse
berro amaro Brunnenkresse
berza Kohl, auch andalusisches Eintopfgericht
berza de saboya Wirsing
besugo Meerbrasse
betarraga Runkelrübe
bicarbonato Natron, Bikarbonat
bienmesabe Süßspeise mit Löffelbiskuit, Eiern, Mandeln
bigaradía kleine Bitterorange
bígaro Strandschnecke
bikini Sandwichtoast mit Käse und Schinken
bisque Krebssuppe
bistec (Beef-) Steak
bitoques Fleischklöße
bizcocho Biskuit, Zwieback
bizcochos borrachos in Sherry getunkte Biskuits
blanco weiß, Weißwein
blando weich
blanquear blanchieren
blanqueta Fisch- oder Fleischragout
Blanquillo de Huéscar andalusische Wurstsorte
boca (de la isla) Krebsscheren des *barrillete*
boca (de mar) in längliche Form gepreßtes Krebsfleisch
bocadillo Sandwich, großes belegtes Brötchen
bocado, bocadito Happen, Bissen
bocaditos de monja Mandelgebäck
bodega oberirdisches Weinlagerhaus
bofes Lunge
boga Goldstriemen, billiger, häufig angebotener Fisch
bogavante Hummer
bol (kleine) Schale
boleto Steinpilz
bollo Milchbrötchen, Hefegebäck

Foto: Avocado mit würziger Sauce (S. 41)
Avocadocreme (S. 42)

bollo de aceite Ölgebäck
bollo de higo Feigenpaste mit Gewürzen
bollos de panizo ölgebackene Maismehlklöße
bomba helada Eisbombe
bonito Bonito, weißer Thunfisch
boquerón Sardelle, Anchovis
boquerones al vinagre Sardellenfilets in Essig mariniert
borrachos in Alkohol getunktes Gebäck
borraja Borretsch
borrego (ein- bis zweijähriger) Schafbock
botella Flasche
botijo Wasserkrug
bovino Rinds-, Rinder- (adj.)
brandada Stockfischpüree
a la brasa vom Holzkohlengrill
breca Rotbrasse
brécol(es) Brokkoli
breva Frühfeige
bueno gut
buey Ochse
buey cebón Mastochse
buey de mar Taschenkrebs
buffet frío kaltes Buffet
buñuelos Spritzkucken, Ölgebäck (süß oder salzig)
busano Purpurschnecke
butifarra Art Bratwurst
caballa Makrele
cabello de ángel Fasermelonenkonfitüre
cabeza Kopf
cabra Ziege
cabracho roter Drachenkopf
Cabrales Blauschimmelkäse
(macho) cabrío Ziegenbock
cabrito Zicklein
cacahuete Erdnuß
cacao Kakao
cacillo Stielpfanne, Schöpflöffel
café Kaffee
café con leche Kaffee mit viel Milch
café cortado Kaffee mit etwas Milch
café sol y sombra, sombra Kaffee mit Milch (halbe - halbe)

Foto: Geschmorter Stierschwanz (S. 90)

café solo schwarzer Kaffee, Espresso
cailón Heringshai
calabacín Zucchini
calabaza Kürbis
calamar Tintenfisch
caldeirada Fischeintopf
caldereta Fisch- oder Fleischeintopf
caldo (de carne) (Fleisch-)brühe
caldo corta Fischsud
caldo de gallina Hühnerbrühe
caliente heiß
callos Kutteln, Kaldaunen, Rindermagen
camarero Kellner
camarón Sandgarnele
cámbara kleine Seespinne
cámbaro Strandkrabbe
cámbaro mazorgano Schwimmkrabbe
caña Bier vom Faß; Röhrenknochen, Markknochen
caña de azúcar Zuckerrohr
caña de lomo luftgetrocknete Lende im Darm
cañabota Grauhai
cañadilla, cañaílla grüne Meeresschneckenart
canela Zimt; auch Bezeichnung für etwas besonders gutes *(pura canela!)*
cangrejo Krebs
cangrejo de río Flußkrebs
cangrejo felpudo Woll- (Strand-)krabbe
cangrejo moruno maurische Krabbe
cantarela Pfifferling
cántaro Krug
cantimpalo Art Chorizo
capón Kapaun
capuchina Kapuzinerkresse
caqui Kakifrucht
carabinero rote Riesengarnele
caracol Schnecke
caracola Schnecke (Gebäck); Muschel(trompete)
caracolada Schneckengericht
carajillo schwarzer Kaffee mit einem Schuß Schnaps
caramelo Karamel
carbonero Seelachs, Köhler
cardamomo Kardamom
cardillo Golddistel
cardo Karde, Distel
carrillada de cerdo Schweinebacken

carmelitas Kapuzinerkressenblüten (Salatgewürz); Mandelgebäck
carne Fleisch
carne de membrillo Quittenbrot
carne picada Hackfleisch
carnero Hammel
carnicería Fleischerei, Metzgerei
carpa Karpfen
carta Speisekarte
cáscara Schale (von Nüssen, Eiern etc.)
casero; de la casa hausgemacht, nach Art des Hauses
casis schwarze Johannisbeere, Cassis-Likör
castaña Eßkastanie, Marone
cava Champagner-ähnlicher Sekt
caviar Kaviar
cayena Cayennepfeffer
caza Wild
cazo Stielpfanne, Schöpflöffel
cazón Hundshai
cazuela Kasserolle, Tontopf
cebada Gerste
cebiche in Zitrone, Zwiebel und Chili marinierter Fisch
cebolla Zwiebel
cebolla tierna Frühlingszwiebel
cebolleta Winterzwiebel
cebollino Schnittlauch
cebón Mastvieh
cecina Dörrfleisch
cena Abendessen
centeno Roggen
centollo(a) Seespinne
cerceta Krickente
cerdo Schwein
cereales Getreide(flocken)
cereza Kirsche
cerillas Streichhölzer
cerraja Gänsedistel (die jungen Blätter werden als Salat verwendet)
cervato Hirschkalb
Cervera frischer Schafskäse aus Valencia
cerveza (de baril) Bier (vom Faß)
chacina gepökeltes oder geräuchertes Schweinefleisch
chalota Schalotte
champaña Schaumwein
champiñón Champignon
chanfaina Ragout aus Lamminnereien

chanquetes Glas- oder Kristallgrundel
cherna Zackenbarsch, Wrackbarsch
chicharros, chicharrones gebratene Speckstreifen; Grieben
chipirón kleiner Tintenfisch
chirimoya Chirimoya
chiringuito Imbißstand
chirla Venusmuschel
chivo Zicklein
chocha Schnepfe; andalusisch für Venusmuschelart
chocha de mar Meerschnepfe (Fisch)
chocho Lupine; Süßspeise mit Zimt
chocolate Schokolade, Kakao
chopa Brandbrasse
chopo, chopito kleine Sepia
chorizo Paprikawurst
choto Zicklein (regional: Kälbchen)
chucha Schwips
chucrut Sauerkraut
chufa Erdmandel
chuleta Kotelett
chumbo Kaktusfrucht
churrasco geröstetes Ochsenfleisch
churros fettgebackene Kringel; Kaffee oder Schokolade und Churros sind ein
  beliebtes Frühstück
cidra Zedratzitrone, dickschalige Zitronenart. Aus der Schale wird Zitronat
  kandiert. Die frische Schale ist süß, man ißt sie in dünnen Scheiben mit
  etwas Fruchtfleisch und in Salz gestippt. Fehlt eigentlich nur noch der
  Tequila.
cidra confitada Zitronat
ciervo Hirsch
cigala Kaisergranat, Kronenhummer
cilantro Koriander(kraut)
cincelar (einen Fisch) seitlich einschneiden
cinta Streifen, Band; roter Bandfisch
ciruela Pflaume, Zwetschge
ciruela amarilla (mirabe) Mirabelle
ciruela claudia Reineclaude
ciruela pasa Dörrpflaume
civet de caza Wildragout mit Rotwein
clara de huevo Eiweiß
clavo Gewürznelke
clementina Clementine
coca pizzaähnlicher Fladen mit Fleisch oder Gemüse; süßer Festtagskuchen
cochastro Wildschweinfrischling

cochevira Schweineschmalz

cochifrito Lamm oder Ziege, gekocht, dann gebraten

cochinillo Spanferkel

cochino, cocho Schwein

cocido Eintopf

cocina Küche

cocinar kochen

cocinero, cocinera Koch, Köchin

coco Kokosnuß

coco rallado Kokosraspeln

cococha zartes Fleischstück in Fischköpfen

cóctel Cocktail

codorniz Wachtel

cogollo Herz (Salat), Kopf (Kohl)

cogote Nackenstück

col (blanca, verde) Kohl (weiß, grün)

col de Bruselas Rosenkohl

col lombarda Rotkohl

col rizada Wirsing

coliflor Blumenkohl

colinabo Kohlrabi

collejas weißes Leimkraut (Salat, Gemüse)

colma(d)o Lokal mit einfachen Gerichten

colmenilla Morchel

colorante Farbstoff

comedor Speisesaal

comer essen

comestible eßbar

comida Hauptmahlzeit, Essen

comino(s) (Kreuz)kümmel, Kumin

compota Kompott

coñac Weinbrand

concentrado de tomate Tomatenmark

concha Muschel

concha de Santiago Jakobsmuschel, Pilgermuschel

condimentar würzen, abschmecken

condimento Würze, Gewürz

conejo Kaninchen

confitura Konfitüre, Marmelade

congelado tiefgefroren

congrio Seeaal

conserva Konserve

conservante Konservierungsmittel

consomé Kraftbrühe

contrafilete Rippenstück
copos de avena Haferflocken
coquina (Cádiz-)Muschel
corazón Herz
corazón de obispo Marzipangebäck der Nonnen in Zafra
corcino Rehkitz
cordero Lamm
cordero lechal Milchlamm
cordilla gerade geborener Thunfisch
coriandro Koriander
corteza Kruste, Rinde, Schale
corteza de cerdo geröstete Speckschwarten
corva, corvallo, corvina Adlerfisch
corzo Reh
costilla Rippchen
costra Kruste, Rinde
costrones geröstete Brotscheiben
Cream Sherry süßer Sherry
crema Sahne, Cremesuppe
cremoso cremig
crepé Crêpe, süßer Eierpfannkuchen
criadilla (de cordero) (Hammel-)Hoden
criadilla de mar Seetrüffel
criadilla de tierra Trüffel
crois(s)ant Hörnchen
croquetas Kroketten
crudo roh
crujiente knusprig, kross
crustáceos Krustentiere
cuajada geronnene Milch, Quark
cuartillo Flüssigkeitsmaß (0,504 Liter)
cuarto Viertel
cubierto Besteck, Gedeck; paniert
cubilete Backform; Fleischpastete
cubitos de caldo Suppenwürfel
cuchara Löffel
cucharada Eßlöffel voll
cucharilla, cucharita Löffelchen
cucharón Schöpfkelle (-löffel)
cuchillo Messer
cuco Knurrhahn
cuello Hals
cuenco Napf
cuenta Rechnung

culata hinteres Stück
curado geräuchert, luftgetrocknet
cúrcuma Kurkuma, Gelbwurz
cuscús Kuskus
dado Würfel
damascena Pflaumensorte
dar la vuelta wenden
dátil Dattel
dátil de mar Dattelmuschel, Meerdattel
degollinada Schlachtfest
degustar probieren, kosten, abschmecken
delicioso köstlich
dentón Zahnbrassen
derretir schmelzen, zergehen lassen
desayuno Frühstück (= Ent-Fasten)
descafeinado entkoffeiniert
descorchar entkorken
desescamar (Fisch) schuppen
deshuesado entbeint, entkernt
desleír auflösen
desmenuzar zerkleinern, zerpflücken
despojos Überbleibsel, Schlachtabfälle
diente de ajo Knoblauchzehe
diente de león Löwenzahn
digestivo verdauungsfördernd, Verdauungsschnaps
disolver auflösen
docena Dutzend
doncella Meerjunker (Fisch)
dorada Goldbrasse
dorado goldbraun geröstet; Goldmakrele
dulce süß, Süßspeise
duro hart, zäh
echar hineinwerfen, hinzufügen
eglefino Schellfisch
a elegir nach Wahl
embadurnar beschmieren, bestreichen
embuchado Wurstsorte
embutido Wurst(waren)
empanada Pastete, Teigtasche
empanado paniert
empapar tränken, einweichen
emperador Schwertfisch
empiñonado Pinienkerngebäck
encargar bestellen

encurtidos Essigfrüchte
endrina Schlehe
enebro, enebrina Wacholderbeere
eneldo Dill
ensalada (mixta) (gemischter) Salat
ensaladilla rusa Russischer Salat
entero ganz
entrada, entrante Vorspeise
entrecot Mittelrippenscheibe, Entrecôte
entremeses Vorspeisen
entreverado durchwachsen
erizo de mar Seeigel
escabeche Marinade
escaldar abbrühen, überbrühen
escalfar pochieren, garziehen
escaloña, ecalonia Schalotte
escalope(a) Schnitzel
escamas Schuppen
escarola Endivien
escorpena, escorpina, escórpora kleiner roter Drachenkopf
escorzonera Schwarzwurzel
escupiña Venusmuschelart
escurridor Durchschlag, Abtropfsieb
escurrir abtropfen lassen, ausdrücken
espadín Sprotte
espalda Schulter
espaguetis Spaghetti
espárragos Spargel
espárragos trigueros wilder, junger Spargel
especia Gewürz
especialidad de la casa Spezialität des Hauses
espeso dick(flüssig), sämig
espetón (Brat)spieß, Pfeilhecht
espina Gräte
espinacas Spinat
espliego Lavendel
espolvorear bestreuen
espuma Schaum
estofado geschmort, Schmorbraten
estómago Magen
estragón Estragon
esturión Stör
eucalipto Eukalyptus
evaporar verdunsten lassen

fabada Eintopfgericht
faisán Fasan
faneca Merlan
fécula Stärke
fenogreco Bockshornklee
fiambre kalte Speisen, Aufschnitt
fibra Ballaststoffe
fideos Suppennudeln
filete Fleischscheibe, Fischfilet
fino trockener Sherry
flameado flambiert
flamenquines in Öl gebackene Fleisch- oder Fischröllchen
flan Pudding aus gestocktem Ei mit Karamelsauce
flauta großes Bocadillo
fletán Heilbutt
foie gras Leberpastete
fondos de alcachofas Artischockenherzen
frambuesa Himbeere
fresa (Wald-)Erdbeere
fresco frisch
fresón Gartenerdbeere
fresquilla Nektarine
frijol Gartenbohne
frío kalt
frito gebacken, gebraten
fruta de sartén in der Pfanne fritiertes Gebäck
frutas Obst
fuego Feuer
fuente Schüssel
fumet Fisch- oder Fleischfond
fundido geschmolzen
gachas Mehlbrei mit verschiedenen Zutaten
gaditano aus Cádiz
gajos de naranja Orangenspalten
galatina Fleischsülze
galera Heuschreckenkrebs
galleta Keks
gallina Huhn
gallineja Schweinebauch
gallineta nórdica Rotbarsch
gallo Hahn; Rotzunge
gamba Garnele, Krevette
gamo Damhirsch
ganga Haselhuhn

ganso Gans
garbanzo Kichererbse
garneo Knurrhahn
garrafa Karaffe
garum Sauce der Römer aus Fisch und Salz
gaseosa kohlensäurehaltige Limonade
gazapo junges Kaninchen
gazpacho kalte Gemüsesuppe
gelatina Gelatine
gigot Keule
gigote Hackbraten
girasol Sonnenblume
glaseado glasiert
gobio cristal kleine Verwandte der *chanquetes*
gota Tropfen
granada Granatapfel
granadilla Passionsfrucht, Maracuja
grano (Samen)korn
granizado Eisgetränk
grasa Fett
graso fett
gratinado, al gratén überbacken
grelos Steckrübenblätter
grifo Wasserhahn
grosella (negra) rote (schwarze) Johannisbeere
grosella espinosa Stachelbeere
grueso dick, grob
guayaba Guave
guinda Sauerkirsche
guindilla kleine scharfe Pfefferschoten, Chili
guirlache Süßspeise aus gerösteten Mandeln und Karamel
guisado Schmorfleisch
guisante Erbse
guisar kochen, schmoren
guiso Gericht, Geschmortes
haba dicke Bohne, Puffbohne, Saubohne
habichuela (verde) weiße (grüne) Bohne
halibut Heilbutt
hambre Hunger
hamburguesa Hamburger
harina Mehl
harisa während der Maurenherrschaft verbreitetes andalusisches Gericht aus
Hühnchenfleisch, Weizen, Butter und Gewürzen. Heute aus Marokko
importierte scharfe Sauce auf der Basis roter Pfefferschoten.

helado Eiscreme
herrera Marmorbrassen
hervido gekocht
hielo Eis(würfel)
hierbabuena Minze
hierbaluisa Verbena, Eisenkraut
hierbas Kräuter
higadillos Geflügelleber
hígado Leber
higo (späte) Feige
higo chumbo Kaktusfrucht
hinojo Fenchel
hipogloso Heilbutt
hogar Herd
hojaldre Blätterteig
hongo Pilz
horchata de almendras Mandelmilch
horchata de chufas Erdmandelmilch
hornaza de Pascua Osterkuchen mit Mandeln
hornear backen
horno Backofen
hortalizas Gemüse
hueso Knochen, Obstkern
hueso con tuétano Markknochen
huevas Fischrogen
huevo Ei
humo Rauch
incluido inklusive
incomible ungenießbar
inflamar flambieren
infusión (Kräuter-)Tee, Aufguß
ingredientes Zutaten
jabalí Wildschwein
jabato Frischling
jabi kleine Wildapfelsorte
jalea Gelee
jamón Schinken
jamón dulce (cocido) gekochter Schinken
jamón ibérico, pata negra Schinken vom iberischen Schwein
jamón serrano luftgetrockneter Schinken
japuta Brachsenmakrele, Bläuel
jarabe Sirup
jarra Krug
jarrete Beinfleisch, Haxe

jengibre Ingwer
jerez Sherry (*cream oloroso*: süß; *amontillado*: halbtrocken; *fino*: trocken)
jibia Tintenfischart
judía (blanca) (weiße) Bohne
judía encarnada rote Bohne
judía pinta gefleckte Bohne
judía seca getrocknete Bohne
judía tierna (verde) grüne Bohne
judiguelo Bohnenkern
judihuela Bohne
judión sehr große weiße Bohne
jugo (de frutas) (Frucht)saft
en su jugo im eigenen Saft
jugoso saftig
juliana in feine Streifen geschnitten
junípero Wacholder
jurel Stöcker
kiwi Kiwi
lacón Vorderschinken
lámina dünne Scheibe
lamprea Neunauge
langosta Languste
langostino große Garnelenart
lapa Napfschnecke
lata (Konserven)dose
laurel Lorbeer
lavabo Waschraum, Toilette
lebrada Hasenragout
lebrato, lebratón junger Hase
lechal, lechazo Milchlamm
leche Milch
leche frita eingedickte und gebratene Milchspeise
lechecillas Kalbsmilch, Brieschen
lechón Spanferkel
lechuga grüner Salat, dem Endiviensalat ähnlich
legumbres Gemüse, Hülsenfrüchte
lengua Zunge
lenguado Seezunge
lenteja Linse
lepidio Mauerkresse
lepitos Erdnußflips
levadura Hefe
licor Likör
liebre Hase

ligero leicht
lija Katzenhai
lima Limette
limanda Rotzunge
limón Zitrone
linaza Leinsamen
liquido Flüssigkeit
lisa Meeräsche
lisa negra dicklippige Meeräsche
lisa dorada Goldmeeräsche
lista de precios Preisliste
litrona 1-Liter-Bierflasche
lleno voll
lombarda Rotkohl
lomo, lomillo Lende, Filet, Rückenstück
loncha Schnitte
lonja Scheibe (Schinken, Speck)
longaniza dünne Hartwurst
lubina Seebarsch, Wolfsbarsch
lucio Hecht
lucioperca Zander
lúpolo Hopfen
macarrones Makkaroni
macedonia de frutas Obstsalat, Obstkaltschale
macerar einweichen, marinieren
machacar zerstoßen
macis Muskatblüte
maduro reif
ma(g)dalena Madeleine (Biskuitgebäck)
magro (de cerdo) mageres Schweinefleisch
mahonesa (mayonesa) Mayonnaise
maíz Mais
malta Malz
Manchego Schafskäse aus der Mancha
mandarina Mandarine
manitas de cerdo Schweinsfüßchen
manteca Schmalz
manteca colorá gewürztes Schmalz
mantecado Sahneeiscreme
mantecados Schmalzgebackenes
mantel Tischtuch
mantequilla Butter
manzana Apfel
manzanilla trockener Sherry, aber auch Kamillentee!

maracuyá, granadilla Passionsfrucht, Maracuja
maragota gefleckter Lippfisch
margarina Margarine
marinado mariniert
marisquería Fischrestaurant
mariscos Meeresfrüchte
marmita Topf, Fleischtopf
masa Teig
mastuerzo Gartenkresse
matalahuva andalusischer Name für Anis
mazapán Marzipan
mazorca (de maíz) Maiskolben
mechado gespickt
medallón Medaillon, kleines Filetstück
media luna Hörnchen
medias noches kleine Hefebrötchen
mejillones Miesmuscheln
mejorana Majoran
melindre Honigpfannkuchen, Marzipanbaiser
melisa Melisse
melocotón Pfirsich
melón Honigmelone, Netzmelone
melva Fregattmakrele, unechter Bonito
membrillo Quitte
menestra Gemüsesuppe
menta Minze, Pfefferminzlikör
menta piperita Pfefferminze
menú del día Tagesmenü
menudos, menudillos Innereien, Geflügelklein
mercado Markt
merendero Ausflugslokal, Strandlokal
merengue Schaumgebäck, Baiser
merienda Vesperbrot, Picknick
merluza Seehecht, Hechtdorsch; Schwips
mermelada Marmelade
mero Zackenbarsch
mesa Tisch
mezclado gemischt
miel Honig
mielga Dornhai
migas Brotkrümel, geröstete Brotwürfel
mijo Hirse
milamores Feldsalat
milhojas Blätterteiggebäck

mirtillo Heidelbeere
mirto Myrte
mízcalo echter Reizker
mojama getrockneter Thunfisch
mojar einweichen, eintunken, befeuchten
mojarra Zweibindenbrasse
mojo (rojo) scharfe Sauce der Kanaren
molido gemahlen
mollejas (de ternera) Kalbsbrieschen
moluscos Weichtiere, Mollusken
monda Tortilla mit Schinken und Schweinefilet
mondongo (gitano) Kutteln mit Kichererbsen
montado, montao (kleines) belegtes Brötchen
mora Brombeere
moraga de sardinas im Freien gegrillte Sardinen am Spieß
morcilla Blutwurst
morcillo Schulter
morena Muräne
morcón Schweinewurst mit Schinken und Paprika in Schweineblase
morro Backenfleisch des Fisches
morro de buey Ochsenmaul
morruncho kleine Austernart
mortero Mörser
morteruelo Püree aus Leber, Geflügelinnereien, Gewürzen
moscada Muskat
moscatel Muskatellerwein
mostachón Mandel-Spritzgebäck
mostaza Senf
mujol Meeräsche
muselina Sahnecreme
muslo Schenkel, Keule
musola Glatthai
nabo weiße Rübe
ñame Jamswurzel
naranja Orange
naranja amarga Bitterorange, Pomeranze
nata Sahne
nata cuajada saure Sahne
nata montada Schlagsahne
natillas Cremespeise aus Eigelb, Zucker und Milch
(al) natural im eigenen Saft
navaja Schwertmuschel, Messerscheide, Scheidenmuschel
nebrina Wacholder
nécora Schwimmkrabbe, Ruderkrabbe

nectarina Nektarine
negro schwarz
nevera Kühlschrank
níspero, níspola Mispel
ñora kleine getrocknete Pfefferschote
nuez (Wal-)Nuß
nuez de coco Kokosnuß
nuez del Brasil Paranuß
nuez moscada Muskatnuß
oblada Brassenart
olla Kochtopf, Eintopf
oloroso wohlriechend; leicht süße Sherrysorte
orégano Oregano
oreja Ohr, auch Blätterteiggebäck
orozuz Süßholz
ortega Birkhuhn
ortiga Brennessel
orujo Trester, Tresterschnaps; Oliventrester
ostra Auster
oveja Schaf
ovino Hammelfleisch
paciencias Eiergebäck mit Zucker und Zimt
pacharán Schlehenlikör
paella Paella (Reispfanne mit Krustentieren und Gemüse)
pagar bezahlen
pagel Rotbrasse, Pagel
paisana Zubereitungsart mit fein geschnittenem Gemüse
paja, pajita Strohhalm
pájaro Vogel
palillo Zahnstocher (peruanisch für Safran)
palmeras Schweinsohren (Blätterteiggebäck)
paloma Taube
palometa Gabelmakrele
pan Brot
pan blanco Weißbrot
pan de aceite Ölkuchen mit Mandeln
pan de higo Feigenbrot
pan de molde Kastenweißbrot
pan integral Vollkornbrot
pan moreno Schwarzbrot
panceta de cerdo Bauchfleisch
panchitos gesalzene Erdnüsse
panecillo Brötchen
papa Kartoffel

papada de cerdo Schweinebauch
papandúas in Öl gebackene Stockfischküchlein
papaya Papaya
papillote, en in Folie gegart
pardete Meeräsche
pargo Sackbrassen
parrilla Grill
parrillada Grillgericht
pasa Rosine
pasa de corinto Korinthe
pasa sultana Sultanine
pasado übergar, überreif, verdorben
pasta Gebäck, Teigwaren, Nudeln
pasta brisé Mürbeteig
pasta de freír Ausbackteig
pasta hojaldre Blätterteig
pasta lionesa Brandteig
pasta quebrada Mürbeteig
pasta de semola Grießbrei
pastaca Kutteln mit Schweinefüßen
pastaflora Mürbeteig
pastel Törtchen, Kuchen
pastelería Konditorei
pata Keule
patas de cangrejo Krebsscheren
patatas Kartoffeln
patatas fritas Pommes frites, Bratkartoffeln, Chips
patatera Wurst mit Schweinefett, Kartoffeln und Paprika
paté Pastete
pato Ente
pato silvestre Wildente
patrón Wirt
pavipollo junger Puter
pavo Truthahn
pecho Brust
pechuga Geflügelbrust
Pedroches Schafskäse aus Córdoba
pejerrey 'Königsfisch', Ährenfisch; regional div. Fischarten
pejesapo (Krötenfisch), Seeteufel
peladilla gezuckerte Mandel
pelar schälen
pellizco Prise
penca fleischiges Blatt (Feigenkaktus, Mangold etc.)
pepino Gurke

pepita Obstkern
pera Birne
perca Barsch
percebes Entenmuscheln
perdigón junges Rebhuhn
perdiz Rebhuhn
perejil Petersilie
perifollo Kerbel
perlón andal. f. Knurrhahn
pero Apfelsorte
perol Schmortopf
perolla Stielkasserolle
perrunas Biskuitgebäck aus Córdoba
perrunillas Schmalzgebackenes aus der Estremadura
pérsico Pfirsichart
pescada, pescadilla kleiner Seehecht
pescaditos, pescaítos kleine in Öl gebratene Fische
pescado Fisch
pestiño Eier-Mehl-Gebäck, in Honig getränkt
pez de San Pedro Petersfisch
pez de monte Stockfisch (volkstümlicher Name)
pez de tierra Aubergine (volkstümlicher Name)
pez espada Schwertfisch
pez sable Säbelfisch
picadito, picadillo Hackfleisch, kleingehackter Salat etc.
picante scharf, pikant
picar hacken
picardías Haselnüsse in Karamel
picatoste gerösteter Brotwürfel
pichón junge Taube
Picón würziger Ziegenkäse
picos kleine Gebäckstangen zu Tapas
pierna Bein, Keule
pieza Stück
pijota andalusisch für jungen Seehecht
pilón großes Keramikgefäß für Wein, Öl, etc.
pimentón Paprikapulver
pimentón dulce milder (ungarischer) Paprika
pimentón picante scharfer (Rosen-) Paprika
pimienta Pfeffer
pimienta de Jamaica Piment
pimiento Paprikaschote, Pfefferschote
pimiento encarnado (verde) roter (grüner) Paprika

pimiento morrón Tomatenpaprika
piña Ananas
pincho, pinchito Spieß(chen)
pincho moruno "maurischer" Spieß, mit Paprika und Kumin
piñón Pinienkern
piñonates Gebäck mit Pinienkernen und Honig
pintada Perlhuhn
pintarroja Katzenhai
pinza de cangrejo Krebsschere
pionono gefüllte Biskuitrolle
pipas gesalzene Sonnenblumenkerne
pistacho Pistazie
pizarra Wandtafel für Preise in Bars
pizca Prise
placa Platte
plancha Grillpfanne
plátano Banane
platija Flunder
platillo kleiner Teller
plato Teller, Gang
pollo Hähnchen
polvorón Küchlein aus Mehl, Schmalz und Puderzucker
pomelo Pampelmuse, Grapefruit
ponche Orangenlikör mit Weinbrand
posada de mala muerte Kaschemme
postre Dessert, Nachtisch
pota Tintenfischart
potaje Suppe, Eintopf
preparar zubereiten
pringada in Schmalz gebratenes Brot oder Brötchen
pringar in Schmalz tränken
pringue Schmalz, tierisches Fett
propina Trinkgeld
proteínas Proteine, Eiweißstoffe
¡buen provecho! Guten Appetit!
puchero Eintopf
pudín (budín) Pudding
puerro Porree, Lauch
pularda Poularde
pulmón Lunge
pulpa Fruchtfleisch
pulpo Krake, Polyp, Oktopus
pulpito kleiner Krake
puntas de espárragos Spargelspitzen

puntillitas sehr kleine Tintenfische (Sepias)
punto, (a punto) durch(gebraten)
puré Püree, Brei
quemado verbrannt
quenelas, quenelles kleine Klößchen
queso Käse
queso azul Blauschimmelkäse
queso blando Weichkäse
queso de cabra Ziegenkäse
queso de cerdo Fleischkäse
queso fresco Frischkäse
queso manchego Schafskäse aus der Mancha
queso de oveja Schafskäse
queso rallado Reibkäse
queso de vaca Kuhmilchkäse
quisquilla Sägegarnele
rabanito Radieschen
rábano Rettich
rábano rustico, rábano picante Meerrettich
rabo Schwanz
rabo de buey Ochsenschwanz
rabo de toro Stierschwanz
racimo Traube, Büschel
ración Portion
ragú, ragout Ragout
raja Scheibe (Melone)
ralladura Geriebenes
rallar reiben
rana Frosch
rancio ranzig, (ur)alt (Wein)
rape Seeteufel
rascacio andal. für Drachenkopf
ravioles Ravioli
raya (de clavos) (Nagel)rochen
rebanada Scheibe, Schnitte
reblandecer weich machen, auflockern
rebozar panieren, überbacken
rebozuelo Pfifferling
recalentar aufwärmen
receta Rezept
recipiente Gefäß
recocer lange kochen, durchbacken
redondo de ternera (buey) Rückenstück vom Kalb (Ochsen)
refresco Erfrischungsgetränk

regañada fladenähnliches Gebäck
regar gießen, streuen, besprenkeln
régimen crudo Rohkost
rehogado gedünstet, geschmort
relleno gefüllt
remojar einweichen
rémol Glattbutt
remolacha (colorada, roja, de mesa) (rote) Rübe
remolacha azucarera Zuckerrübe
reo Meerforelle
repápalos Gemüsefrikadelle
repartir verteilen, austeilen
repollo Weißkohl, Kohlkopf
reposar ruhen (lassen)
repostería Konditorei(waren)
requesón Quark
reservado reserviert
restaurante Restaurant
retirar entfernen, wegnehmen (z.B. vom Feuer)
revuelto, revoltillo Rührei
riñón Niere
riñonada Nierenschmortopf
róbalo Wolfs-, Meerbarsch
rociar besprenkeln
rodaballo Steinbutt
rodaja Scheibe (Wurst, Zitrone etc.)
rollito Röllchen
rollo Rolle, Roulade
rombo Glattbutt
romero Rosmarin
ron Rum
ropa vieja Resteeintopf (wörtlich: alte Klamotten)
rosada andalusisch für *abadejo*, Pollack
rosbif Roastbeef
rosca, rosquilla, rosco Gebäckkringel, Brezel
rospallón Ringelbrassen
rubio gestreifer Seehahn
ruibarbo Rhabarber
sábalo Alse (Fisch)
sabayón Eischaumcreme mit Zucker, Wein und Likör, oder salzig zu Austern
sables kleine Törtchen
sabor Geschmack
sabroso schmackhaft; Bohnenkraut
sacacorchos Korkenzieher

sacar (vom Feuer, aus dem Ofen) nehmen
sacarina Süßstoff
sagú Sago (Stärkekörner)
sal Salz
sal marina Meersaalz
salazón eingesalzenes Fleisch oder Fisch
salchicha Würstchen
salchichón Salami, Wurst
salero Salzstreuer
salmis Wildgeflügelragout
salmón Lachs
salmonete Meerbarbe
salmorejo Beize (meist für Kaninchen); andalus. pürierte *gazpacho*
salmuera (Salz)lake
salpa Goldstriemen
salpicar bestreuen, würzen
salpicón Fisch-, Fleisch- oder Meeresfrüchtesalat
salpimentar salzen und pfeffern
salsa Sauce
salteado leicht angeröstet
salvado Kleie
salvajina Wild
salvia Salbei
sandía Wassermelone
sangría bowleähnliches Getränk aus Rotwein, Weinbrand, Früchten und Sodawasser
sardina Sardine
sargo Geißbrasse, Spitzbrasse
sartén Pfanne
savarín in Rumsirup getränkter Hefe-Kranzkuchen
sazonar würzen, abschmecken
seco trocken
sed Durst
semilla Samen
sémola Grieß
sémola de trigo duro Hartweizengrieß
sepia Tintenfisch, Sepia
sequillo Zuckerkranzgebäck
Serena Schafskäse aus Badajoz
servicio Bedienung
servicios Toiletten
servilleta Serviette
sesada Hirn
sésamo Sesam

sesos (gebackenes) Hirn
seta Pilz
sidra Cidre, Apfelwein
siesta Mittagsruhe etwa zwischen 14-16 Uhr
silla Kalbsrückenstück
soasar, sofreir anbraten, leicht rösten
sobrasada paprikagewürztes Schweineschmalz
soda Soda(wasser)
sofrito Saucengrundlage, gebratene Tomaten, Zwiebeln, Knoblauch, etc.
(haba de) soja Soja(bohne)
sol y sombra Kaffee mit Milch
soldaditos de Pavía panierte Stockfischstücke
solla Scholle
solomillo Filet
sombra Kaffee mit etwas Milch
sopa Suppe
soplillos de almendras Mandelgebäck aus den Alpujarras
sorbete Sorbet, Fruchteis
sorda Schnepfe
soso ungesalzen, fade, geschmacklos
soufflé Soufflé
suero Molke
suero de mantequilla Buttermilch
suculento saftig, fett, nahrhaft, lecker
suizo süßes Brötchen
suprema bestes Fleischstück, Brust, Filet etc.
surtido Auswahl
suspiros (Seufzer), Mandel-Eiweiß-Gebäck
taberna Taverne, Kneipe
tacos kleine Würfel; mexikan. Maistortilla
tagarnina, tagarcina Golddistel
tallarines (Suppen-) Nudeln
tallo Stengel, Stiel
tamaño Größe
tamarindo Tamarinde
tamiz feines Sieb
tamizar fein sieben
tapa Appetithappen, Vorspeise
tapear, ir de tapeo, tapiñar Tapa-Bars besuchen
tapón Korken, Pfropfen
tarro Einmachglas, -topf
tarta Torte
tarta de aceite Ölkuchen, der meist zu Ostern gebacken wird
tartera Kochtopf, Eßgeschirr

tasca einfaches Lokal, Kneipe
té Tee
tejeringo Art *Churros*
templada lauwarm
temporada Jahreszeit
tenca Schleie
tenedor Gabel
ternera Kalb
testiculos Hoden
tibia, tibio lauwarm
tiburón Haifisch
tierno zart
tinto Rotwein
tintorera Blauhai
tirabeque Zuckererbse
tocino Speck
tocino de cielo Himmelsspeck
tocinillas Himmelsspeck aus Eigelb und Sirup
tomate Tomate
tomillo Thymian
toña Öl-Honig-Gebäck
tordo Lippfisch, Drossel
toro Stier
toronja Bergamotteorange, Bergamottezitrone
toronjil Melisse
torrezno gebratener Speck
tortas Kuchen, Fladen
tortilla, tortilla francesa Omelett
tortilla española Eieromelett mit Kartoffeln
tórtola Taubenart
tostada Toast
tostado getoastet, geröstet
tostón Spanferkel; geröstete Kichererbsen oder Brotwürfel
trigo Weizen
trigo sarraceno (negro) Buchweizen
trinchar zerlegen, tranchieren
tripas, tripacallos Kutteln
triturar zerkleinern, zerquetschen etc.
trucha Forelle
trucha asalmonada Lachsforelle
trufa Trüffel
tubo röhrenförmiges Bierglas
tuétano Mark(knochen)
turrón Süßigkeit aus Mandeln, Honig etc.

untada bestrichene Brotscheibe
urta Zahnbrasse
uva Weintraube
uva crespa, uva espina Stachelbeere
vaca Kuh
vaina Schote, Bohne
vainilla Vanille
al vapor gedämpft
variado gemischt
vaso Glas
vegetal pflanzlich
vegetariano vegetarisch
venta Wirtshaus an der Landstraße
verbena Eisenkraut
verdura(s) Gemüse
verrugato Umberfisch
vieira Jakobs- oder Pilgermuschel
vieja Papageien-Fisch
viejo alt
vientre de cerdo Schweinebauch
vinagre Essig
vinagre de jerez Sherryessig
vinagre de vino Weinessig
(salsa) vinagreta Vinaigrette
vino blanco, rosado, tinto Weißwein, Rosé, Rotwein
vino del país Landwein
vino espumoso Schaumwein
violín langes Bocadillo
volador Tintenfischart
yema (de huevo) Eigelb
yogur(t) Joghurt
zanahoria Möhre, Karotte
zapatero Gabelmakrele, Bläuel
zarzuela Fischeintopf
zorza gepökeltes Schweinefleisch
zumo Saft

Anmerkung zu den Begriffen: Die spanische Küche ist, wie die spanische Sprache, durch regionale Unterschiede geprägt. Es kommt daher oft vor, daß ein Begriff in einer Provinz anders benutzt wird als in der nächsten. Gerichte mit gleichem Namen können in verschiedenen Regionen unterschiedlich zubereitet werden. Oft bürgern sich falsche Schreibweisen ein oder auch falsche Bezeichnungen (Beispiele: avellanas, almóndigas, caramales).

EIER- UND TEIGGERICHTE

GEMÜSE

FLEISCH

BÜCHER ZU SPANIEN - VERLAG WINFRIED JENIOR

ALMANACH SPANIEN - Kalender zu Kultur und Alltag

Mit Sonderteil *Essen und Trinken in Spanien*

Der Leser erfährt Wissenswertes und Unterhaltsames, Alltägliches und Kurioses. Neben zahlreichen Texten gibt der Almanach die Informationen an die Hand, die man sonst mühsam suchen muß. Ein umfangreicher Serviceteil bietet Adressen spanischer Institutionen und Vereine, Telefon- und Vorwahlnummern, Postgebühren, Feiertage und Feste, Provinzen und Regionen, Buchempfehlungen, Tips zum Reisen und Essen.

ISBN 3-928172-98-0, 272 S. Fotos, Gebunden. DM 25.-

Andalusische Ansichten. Lesebuch nicht nur für Reisende
Hg. v. Felix Hofmann
Texte von Gerald Brenan, Juan Goytisolo, Alfred Andersch, Antonio Muñoz Molina, Antonio Cascales ua.

ISBN 3-928172-79-4, 240 S. Gebunden. DM 34.-

Ian Gibson: Lorcas Granada
Ein Führer durch das heutige Granada - auf den Spuren von Federico García Lorca

Der in Spanien lebende Ire Ian Gibson legt nach seiner großen Lorca-Biographie einen Stadtführer durch Granada vor.

„Der Lorca-Biograph Gibson beschreibt in seinem jetzt auf deutsch erschienenen Führer einfühlsam die vielen Stätten, die auf irgendeine Weise mit dem Leben des Dichters in Verbindung stehen. Und Gibson beschreibt den letzten Weg Lorcas: von Granada hinaus zur Schlucht bei dem Ort Víznar, wo ihn Falangisten im Morgengrauen des 19. August 1936 umbrachten"   *Josef Oehrlein (FAZ)*

ISBN 3-928172-14-X , 230 S. Fotos. Pläne. Geb. DM 34.-

Gerald Brenan: Südlich von Granada

Der Engländer Gerald Brenan kam nach dem Ersten Weltkrieg als einer der ersten Aussteiger in ein Dorf in den Alpujarras. Er bekam Einblick in Alltag, Gewohnheiten, Glauben und Aberglauben der Menschen. In sehr offener Weise beschreibt er die Bewohner und ihre archaischen Lebenszusammenhänge. Virginia und Leonard Woolf, Lytton Strachey, Dora Carrington und andere Autoren aus dem Bloomsbury-Kreis besuchten ihn in den andalusischen Bergen und werden mit spitzer Feder skizziert.

„Wenn ich der spanischen Landschaft gegenübertrete, so tue ich es mit dem inneren Widerstreit und der Zerrissenheit Brenans: von einem ästhetischen und zugleich kritischen Standpunkt aus, als aktives Subjekt und als distanzierter Beobachter."   *Juan Goytisolo*

2. Auflage, ISBN 3-928172-51-4, 368 S. Fotos. Gebunden DM 34.-

BÜCHER ZU SPANIEN - VERLAG WINFRIED JENIOR

Gerald Brenan: Das Gesicht Spaniens
Bericht von einer Reise durch den Süden

„Das ideale Reisebuch müßte den unverbrauchten Blick des Fremden mit der Lebenserfahrung des ältesten Einheimischen kombinieren. Mr. Brenan hat diese wundersame Verbindung von altem und neuem Blick, von Vertrautheit und Überraschung erreicht." *Harold Nicolson*

ISBN 3-9801438-9-9, 300 S. Kt. DM 34.-

Peter Hilgard: Der maurische Traum
Dimensionen der Sinnlichkeit in al-Andalus

Etwa 800 Jahre lang wurde der spanische Alltag durch die Kultur der Mauren bestimmt. Der Autor beschreibt den Umgang mit Rausch- und Liebesdrogen, die ausgeprägte Weinkultur bei gleichzeitigem Alkoholverbot, Körperpflege und Erotik, die Unterschiede der jüdischen und arabischen Speisen, die Bedeutung der Düfte, Kräuter und Gewürze und entwickelt so die Dimensionen maurischen Lebensgefühls anhand eigener Forschungen und zeitgenössischer spanisch-arabischer Schriftsteller.

ISBN 3-928172-77-8, 240 S. Geb. Fadenh. Fotos. DM 34.-

Juan Madrid: Dschungel. Großstadtgeschichten

ISBN 3-928172-08-5, 160 S. Kt. DM 24.-

Sevilla - Ein Stadtbuch. Hrsg. v. D. Haller & B. Romer

"Für Reisende, die etwas mehr verstehen wollen als das, was ihnen die Fassade einer Stadt bietet, und für alle, die gewillt sind, sich ernsthaft auf Land und Leute einzulassen, ist dieses Stadtbuch eine große Hilfe." *Burkhard Voigt (Hispanorama)*

ISBN 3-928172-09-3, 208 S. Kt. Fotos. DM 28.-

Felix Hofmann: Wüste Küste
Costa-Brava-Geschichten

"Hofmann schert sich einen Teufel um verjährte Klischees. Er ist ein Garant für Spannung, ungewöhnliche Handlungen und unerwartete Ausgänge." *Carmen Schilling-Ebermann (Info-Tip)*
ISBN 3-9801438-8-0, 128 S. Kt. DM 22.-

Winfried Pielow: Das Alphabet
Die Geschichte spielt in einer spanischen Ausländersiedlung.
ISBN 3-928172-15-8, 140 S. Kt. DM 20.-

Tobias Gohlis: Die Steine Granadas
Gedichte. Deutsch/Spanisch.
ISBN 3-928172-57-3, 22 S. Kt. Blockbuch. Handschr. signiert, DM 16.-

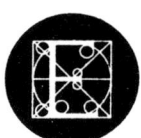